ミャンマー危機と民主化への展望

共和リサーチセンター編

鳩山友紀夫　石戸光　首藤信彦　吉田鈴香

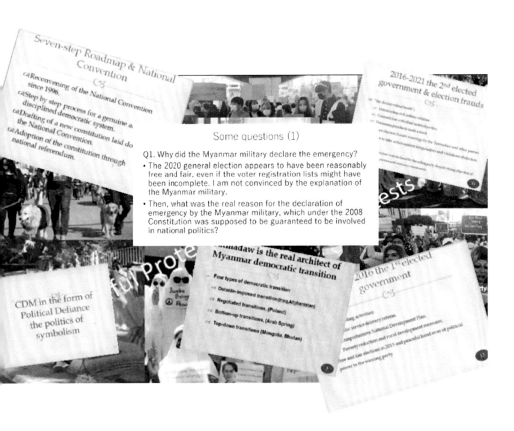

ミャンマーと友愛外交
鳩山友紀夫

友愛外交こそが真の外交です。価値観の異なる国同士が敵対的になるのではなく、あくまでも対話を通じてお互いに理解し合え協力し合える道筋を見出していくのが、外交の真髄ではないでしょうか。

私たちの日本政府は米国に感化され、西側諸国と同様に国軍が支配するミャンマー政権とは話し合いも、まして協力もしないとの立場をとっていますが、それは正しい外交ではありません。

私たちはミャンマー政権とも積極的に対話を行い、また政権とは異なる立場の方々とも話し合いを行うことにより、ミャンマーの国民のみなさんが平和で安定した暮らしができるように協力すべきであると信じます。例えば今は、ミャンマーにおける総選挙の実現にむけて、日本政府は友愛外交を展開すべきときであると思います。

デザイン：山崎郁子

ミャンマー危機と民主化への展望

共和リサーチセンター編
鳩山友紀夫、石戸光、首藤信彦、吉田鈴香

目　次

はじめに

　ちょうど三年前になるが、ミャンマーで 2021 年 2 月 1 日に発生した軍事クーデターとその後の軍事政権成立は、アウンサンスーチー女史の長期監禁状態からの解放と NLD（国民民主連盟）の政権復帰、一連の民主化政策の実施、軍人出身ではあるがテインセイン大統領による堅実な統治が、まがいなりにもミャンマーの安定と成長をもたらしていると評価してきた国際社会を驚かせ失望させた。

　ミャンマー国内では軍事政権に反発して野に下った NLD などの政党は NUG（統一国民政府）を形成し、教師・公務員や医師など社会で責任ある立場の人々が CDM（市民不服従運動）などの反政府抗議運動を激化させ、また武力で対抗しようとするグループは PDF（国民防衛軍）を形成して少数民族中心の反政府武装勢力と一体化して、山地やジャングルで政府軍と対峙した。その結果、ミャンマー国内では武装闘争が激化し、膨大な犠牲と避難民が発生し、多くが国外に逃れ国境地帯で悲惨な難民生活を送っている。

　残念なことに、三年が経過してもミャンマーの状況は政治・経済・社会ともに改善の兆しを見せない。いやそれどころか、むしろ混迷と泥沼化の一途をたどっていると言わざるを得ない。

　このような状況から脱して、ミャンマーが「常態」すなわち通常の健全な政治と安定した社会を回復するには、三つのシナリオしかない。

　それは第一には軍事政権による大胆な民主化と民営化の推進であり、軍部の特権を縮小し、民間セクターに権限を委譲し、選挙を行い、国会を正常化させ、社会の繁栄と安定のなかで、反政府勢力を吸収する方策である。

　第二は逆に、NUG が政治組織として国家を代替するほどの力をつけ、国内では PDF など反政府武装勢力が軍事的に政府軍を圧倒し、少数民族問題を解決して、自分たちの理想とする連邦国家を作り上げることである。

　そして第三には政府・反政府勢力の双方が包括的な交渉を集中的かつ加速的に進め、双方が妥協し、最終的に国際的な協力のもとに選挙を実施し、新しい民主主義的な政府を作りあげることである。

　まことに残念なことに、3 年を経過して、このいずれもが実現へ向けて動き出していない。それどころか、地域の不安定化そして難民の国外流出が蔓延し、ミャンマー周辺国および西側の干渉も加わってミャンマーは今や、リビアやシリアのような失敗国家に比類されるような状態が危惧されるにいたった。

　それにもかかわらず、ミャンマーでは政府・反政府双方からの本格的な歩み寄りはもとより、双方の交渉どころか、コミュニケーション自体が極端に乏しく、これでは一体相手側がどういう行動原理をもっているのか、何を目

指し、どういう妥協点があるのかを理解することすら双方にとっても困難である。特に、軍事政府は西側諸国からの制裁や干渉に反発して、一切の情報提供を行わず、いったいどのような現実的な政体を目指すのか、現在の社会的経済的困難をいかなる政策で解決していくかについても、これまで情報発信がないに等しかった。

その中において、今回、ミャンマー側からはウ・ココライン連邦政府省付大臣およびウアウンナインウー連邦政府省付大臣という二名の現職閣僚、そして日本側からは友愛外交を主唱する鳩山友紀夫元総理大臣、石戸光教授他日本を代表するミャンマー研究者、東南アジア政治および民主主義研究の専門家が参加して、ZOOM でシンポジウムが開催された。

その開催自体が、稀有で画期的な努力であるが、そこでの議論の内容は今後のミャンマーの平和と発展に寄与するものと確信する。中でも、ミャンマーの現職閣僚の分析と解説の多くは、たとえ体制側の主張として多少割り引いても、我々も初めて聞く情報や視点であり、現在の状況理解だけでなく、今後の平和構築のために大変参考になるものであった。

このシンポジウムで明らかになった情報や政策案がぜひ多くの市民、研究者そして政府関係者に伝わり、ミャンマーの現況への理解を深められることを期待したい。

　２０２４年２月１日
　共和リサーチセンター所長　首藤信彦

「ミャンマーの社会経済と挑戦の現状」
2023 年 11 月 11 日インターネットシンポジウム参加者

ウ・ココライン Mr. U Ko Ko Hlaing 大臣
連邦政府省付大臣 Minister for Ministry of the Union Government

ウ・アウンナインウー Mr. U Aung Naing Oo 大臣
連邦政府省付大臣 Minister for Ministry of the Union Government

鳩山友紀夫
元内閣総理大臣
東アジア共同体研究
所理事長

首藤信彦
共和リサーチセンター
所長・元衆議院議員・元
東海大学教授

石戸光
国際経済学者
東南アジア経済
研究者

吉田鈴香
モデレーター／編者
東南アジア地域専門
研究者

＊＊＊＊＊＊＊＊＊＊＊＊＊＊＊＊＊＊＊＊＊＊＊＊＊＊＊＊＊＊

2023 年 11 月 10 日オンラインシンポジウム

「ミャンマーの社会経済と挑戦の現状」

＊＊＊＊＊＊＊＊＊＊＊＊＊＊＊＊＊＊＊＊＊＊＊＊＊＊＊＊＊＊

石戸光教授

　私は東南アジアの経済発展を研究している者です。日本とタイの大学で国際経済学を教えています。 ミャンマーから二人の大臣、そして日本から元首相をお迎えできたこと、そして、このような形で友好を深める平和的なオンラインシンポジウムを開催できることを光栄に思います。

　本日のオンラインシンポジウムのスケジュールは 2 時間のオンラインセッションです。タイトルは「ミャンマーの社会経済の現状と課題」です。ミャンマーの友好国である私たち日本も、ミャンマー情勢には大きな関心と興味を持っています。 そのため、このオンラインシンポジウムの主な目的は、ミャンマーの大臣側から、（ミャンマーで）何が起きているのか、どのように友好関係を発展させ、共に協力的な活動を行うことができるのかを伺い、 また、世界平和に取り組んできた日本の鳩山元首相からもお話を伺うことです。

　その後ディスカッションに移ります。このセッションでは、著名な専門家の方々から 一人 5 分ほどお時間をいただき、それぞれの発言や問題点を述べていただきます。ミャンマー側からは、各閣僚の皆様にはこれらの問題にお答えいただければ幸いです。

　では、本日のオンラインシンポジウムを正式に始めたいと思います。開会の挨拶は、グローバルな比較政治の観点からミャンマーに関心を持つ政治学教授からお願いします。

開会の挨拶

　日本の大学では政治学を専門とする教授をしています。 同時に、東南アジアにおける公正・公平な社会について関心を持ってきました。本日は、ミャンマーの閣僚、そして鳩山前総理をはじめとする著名な方々にお集まりいただき、大変光栄に存じます。

　今日の世界では、ウクライナやガザ、イスラエルで多くの対立や紛争、戦争が起きており、多くの民族や宗教の対立、内戦、貧困、飢餓が見られます。これらの深刻な問題が世界中で山積しており、その困難を前にして、私たちは自分の無力さを感じることがあります。公平さはどこにあるのだろう？ と、私たちは時に迷います。

しかし、少なくともひとつ言えることは、私たちには今ここでできることをする使命があるということです。できることをやっていくことでしか、将来のフェアな社会を描くことはできません。たとえ見解が異なっていたとしても、対話を重ねることで互いを理解することができますし、その共通理解の上に立って、この複雑な地球規模の問題にどう取り組むかを共に考えることができるのです。

　私は、この会合、今日の対話が、繁栄と平和に満ちた東アジアと東南アジアの創造に向けた大きな一歩となることを願っています。私たちには共通の未来があると信じています。

石戸光教授

　開会のご挨拶をありがとうございました。私たちは、この非政府チャンネルを通じた友好関係の構築と相互理解のまさに始まりだと信じています。政府間のコンタクトが不可能でも、非常に建設的で友好的な形でお互いにコンタクトを取ることができるのですから、非常に有意義なチャネルです。この会合が、実際に心と心を通わせるコミュニケーションが、相互理解を育み、公正な社会のために一緒に、共同でできることを積み上げていくことを心から望んでいます。

　では、メインスピーカーセッションに移りたいと思います。本日は、ミャンマーから非常に著名な閣僚をスピーカーにお招きしました。ネット上で拍手をすることが適切かどうかはわかりませんが、それでも拍手をしましょう。声なし、音なしでも構いません。

　最初に、ウ・ココライン閣下 Mr. U Ko Ko Hlaing のご発言を歓迎したいと思います。

1章　ウ・ココラインH.E. U Ko Ko Hlaing
連邦政府省府大臣　報告　〔注：政治学者出身〕

　ご列席の皆様、こんにちは。まず、鳩山友紀夫元総理大臣をはじめ、主催者の皆様には、このような意義深いイベントを開催していただき、心より感謝申し上げます。　自己紹介をさせていただきます。連邦政府省大臣府-2で、国際協力・研究担当大臣を務めておりますウ・ココライン U Ko Ko Hlaing です。

　私は、政治経済の観点から、ミャンマーの政治動向と両国の関係について簡単に説明します。周知のように、政治問題は常に社会経済状況と絡み合っており、政治的安定は円満なビジネス環境を保証し、経済発展は社会的調和と政治的安定の前提条件です。しかし、政治経済分析の目的は、学者の方々が言うように、社会における政治的・経済的プロセスを理解した上で、開発を位置づけることです。

　ミャンマーの政治は非常に複雑です。ミャンマーの政治について何でも知っていると言う人がいるとしたら、それはその人が本当のことを知らないということです。この言葉はネイティブ・スピーカーやネイティブの学者にも当てはまりますが、皮肉なことに、ミャンマーの専門家と呼ばれる人やミャンマー専門のジャーナリストが世界中にたくさんいるけれども、ミャンマーに関することのほとんどが神話や偏った情報に基づいているのです。

　ミャンマーについてバランスの取れた客観的な見解を持ちたいのであれば、別の視点を探る必要があります。　私たちの側からの事実に基づいた、異なるイメージをあなた方に与えるよう、私は最善を尽くします。

1．民主化を目指してきたミャンマーの歴史

　理解を深めるためにパワーポイントを使わせてください。

　はじめに、ミャンマー国軍が民主主義の敵であり、民主主義移行における大きな障害であるという一般的な認識に対する反論を述べたいと思います。事実は正反対です。実は、国軍はミャンマー民主化の真の立役者だからです。1988年の大規模な蜂起と殺害から15年後、ミャンマー軍事政権は、政治的安定と社会経済的発展がある程度回復したことから、一連の民主的移行を開始し、その際に、軍事政権が選択した民主化移行は、トップダウン型の移行モデルでした。

表1　国軍はミャンマーの民主化移行の現実的な設計者

民主化移行4タイプ
・外部からもたらされた移行（イラク、アフガニスタン）
・交渉による移行（ポーランド）
・ボトムアップ型移行（アラブの春）
・トップダウン型移行（モンゴル、ブータン）

　2003年に7段階の民主化ロードマップが宣言され、　新憲法の完成には5年を要し、2010年に総選挙が実施されました。半世紀ぶりの民主的な多党制選挙でありまして、ミャンマーは何年かぶりに三権分立、報道の自由、結社の自由など民主的な制度を手に入れたのです。

表2　7段階の民主化ロードマップと国民会議

国民会議の再招集。
恒久的かつ統制の取れた民主的システムの為の段階的工程。
国民会議によって開かれた新憲法草案作り。
国民投票を通じた憲法の採択。

　初の選挙で選ばれた政権は元将軍であったウ・テインセイン大統領が率いたのですが、その在任中には、多くのポジティブなことが起こりました。閣僚の多くが元軍人であったことから、彼の政権を半民主主義政権と呼ぶ批判もありましたが、しかし、民主主義という意味では、政治的自由化、国民和解、和平交渉、国民国家の成立、国家建設など、多くの面で大きな功績を残しました。

表3　2008 年憲法と 2010 年総選挙

・国家平和発展評議会 SPDC は多党制民主主義制度と市場経済を
　創成。
・恒久便益を保証するため、SPDC は 1993 年国民会議を招集。
・多様な見解を経験する人材が少数民族代表とともに国民会議に
　参加。
・新憲法とともにある連邦議会。

　社会経済分野では、彼の任期はミャンマー現代史の中で最も優れた時期のひ
とつであり、平均経済成長率は最高を記録しました。　私の知る限り、彼の任
期中の GDP の平均成長率は約 6％であった。　最初の選挙で選ばれた政権が
行った最も重要な仕事は、自由で公正な選挙を成功裏に実施し、勝利した政
党に国家権力を平和的に引き渡したことです。
　民主的な移行における良いスタートだったと言えましょう。初めて選挙で選
ばれた政権が在任中に行ったことのいくつかを見ることができます。　民主化
への道のりは、特に膨大な社会経済的問題に直面している第三世界諸国にと
っては、決して平坦ではないように思われます。国内紛争の長い歴史と、様々
な側面における大きな多様性を併せ持つミャンマーも、そのシナリオの例外
ではない。

表4　2011－2016 選挙で選ばれた初代政権

国家建設の活動。
　　　・公的サービスの改革
　　　・包括的な国民開発計画
　　　・貧困削減と農村開発措置
自由で公正な選挙の実施 2015 年、そして選挙で勝利した
政党への平和的政治力移譲。

２．NLD 政権の政治、経済、安全保障上の問題

　アウンサンスーチー女史と NLD 党に率いられた第 2 代政権の任期は、多くの問題を抱えた波乱含みのものだったようです。 行政業務における知識や経験の不足、政治的な意思決定、「一人勝ち」の支配といった深刻な弱点が、政治、安全保障、社会経済などさまざまな分野で国を低迷に追い込んだのです。

表 5　2016－2021 年選挙で選ばれた第 2 代政権

〝最終決戦〟；
　　・劣化する民軍関係
　　・民族政党との矛盾
　　・低迷する人気が生んだショック
跋扈する選挙詐欺が国軍と他の政党によって警告される。
選挙法の違反と暴力に対する行動を拒否。
野党と有権者による強い反論にもかかわらず与党は地滑り的勝利宣言。

３．国民の不満に焦れた NLD 政権が「最終決戦」へ向かった

　知事選での低調なパフォーマンスと支持率低下に対する国民の不満が、2020 年に予定されている選挙で何としても勝利しようとする与党の姿勢を煽ったのです。 選挙戦では「最終決戦」という戦意高揚の掛け声が広く使われ、不正選挙も大規模に行われました。 民主主義の名を借りた立憲独裁のもとで、真の民主主義が危うくなったことは残念でなりません。
　その時の様子を次ページでご覧いただきたい。COVID-19 パンデミックの脅威にさらされた 2020 年 3 月の選挙戦です。他の地域や国全体が、大勢で集まったり、群衆化したりすることを禁止していた際に、与党と党首自身は公衆衛生上の懸念に配慮することなく、こうした機会を利用したのです。
　国政選挙の前に何が起こったかを見ていただきたい。これは国際的なオブザーバーや組織からの批判です。2020 年に行われた前回の選挙が、国際社会、オブザーバー、メディアから、本当に自由で公正なものではなかったとみなされていたことは明らかです。これらの写真を見れば、投票の秘密が守られていないヤミの期日前投票や、政党事務所を利用した期日前投票の様子がわ

かるでしょう。堂々とプライバシーもなく、ここに見える有権者はスタッフの前で投票したのです。 これは、民主主義の感覚とはまったく逆の行為です。

ヤミの期日前投票の懸念及び国際社会からの批判がすでにあった

{上：選挙実施前から自由で公正な選挙に疑義を持つ見方が米政府からあった}
{下：投票日前に投票用紙に候補者名を書く有権者の様子が撮られている}

Irregularities in advance voting

こうした不幸な状況は、国軍に民主化移行というワゴンを正しい軌道に戻すことを強いたのです。実際、それは苦肉の策でした。現行憲法に従って国家責任を果たしつつ前進する道を維持するしかありませんでした。この行為によって、国軍はクーデターを実行したと非難され、国際舞台で非難され、ハイブリッド戦争で欧米列強の主要な標的となってしまいました。

> ### 表6　政治的抵抗の形での市民不服従運動 CDM

4．ジーン・シャープに感化され誕生した市民不服従運動 CDM

　メディア、ソーシャルメディア、経済制裁、外交的孤立と圧力、疎外と人道支援、民族分離主義反体制派やテロリスト集団の支援など、ほとんどありとあらゆる種類の有形無形の武器が用いられています。

　ジーン・シャープの政治的反抗と政治的柔術戦術を組み合わせて、伝統的なアナキストの恐怖支配を行い、その後、少数民族グループと協力して武力反乱を起こし、現在の軍の「世話役」政府を倒すことが、政権交代政策の最終目標でありましょう。

　2021年の軍事政権樹立後、ミャンマーで何が起こったか、次ページ掲載のスライドでご覧いただけます。まず、私たちの政治的反抗と平和的抗議から始まります。ジーン・シャープの著書『独裁体制から民主主義へ』〔注：写真参照のこと〕にあるように、平和的な抗議活動から始まり、音楽バンドやスパイダーマンの仮装、さらには幽霊、LGBT 推進キャンペーンのような、お祭りのようなものを見ることができます。当時の抗議活動はお祭りのようなもので、ほとんどすべての社会やコミュニティが平和的な抗議活動に参加していました。しかし、その平和的な抗議者たちが暴動を起こすようになった。扇動者に動員され、デモに繰り出したチャルシンという少女（注：日本ではエンジェルさんと紹介されている）が抗議行動の群衆の中で暗殺されました。彼女は後頭部を撃たれたのですが、誰が殺しを実行したのか見えますね。使用された銃は小型武器のようなものでした。治安部隊が使う武器はもっと威力が強く、銃創はもっと大きくなります。発砲したものではまったくないのです。しかし、メディアは、罪のない一般市民のデモ参加者に激しい武力を行使したと報じました。

市民不服従運動 CDM の教本となったジーン・シャープの『独裁体制から民主主義へ』筑摩書房 2012 年。

同書著者によると、
「タイ・バンコクでミャンマー語と英語で『新時代ジャーナル』で連載され、次いで 1996 年、1997 年にミャンマーの民主主義復興のための委員会の助けを借りてミャンマー語で発行された。ミャンマーの民主主義者や、中央政府からの独立を願う種々の少数民族グループが利用することを念頭に置いて書かれたものだった。」

注：始めは仮装するなど平和なデモ参加者だった

1. Peaceful Protests

始めは仮装するなど平和なデモが行われていた

Kyal Sin case

デモ中に撃たれて死亡
したチャルシンの場合

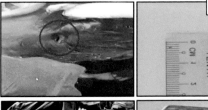

26

｛チャルシンの殺害 :デモ参加者の中に手の平に収まるほどの小型の銃を握った人物が
いた｝

５．市民不服従運動 CDM は破壊と暴力行為へ

　そうして政府は群衆を統制しなければならなくなったのです。抗議行動はすべて、この写真のような暴動になりました。一方、**CDM**（市民不服従運動）は、病院の医師や弁護士、公務員などが職場を放棄することで、それを実行しない者に対しては社会的罰を与えたり、社会的圧力をかけたりしました。

　もうひとつは、ジーン・シャープが述べた政治的柔術です。人々が虐殺され、敗北すると、今度はいわゆる『政治的柔術』すなわち、柔術の受け身のようなプロセスが始まります。民衆は政府の命令に従わず、あらゆる手段で反抗するものです。このテクニックを使うことで、民衆は支配構造に反旗を翻すことになります。

　かくして、恐怖の支配が始まったわけです。　多くの公共施設が焼き払われました。工場は略奪され、焼き払われました。これは現代の私たちの時代に起こったことです。その後、武装反乱は初歩的な武器から始まり、スナイパーへとより近代的な武器へと変わっていった。今ではドローンを使って一般の住宅やオフィスを攻撃しています。いうなれば、巣にいる鳥を捕まえるために木全体を伐採するようなものです。軍事部隊を打ち負かす代わりに、罪のない一般市民だけが犠牲となりました。

　表７：　レッスン５：政治的柔術

ジーン・シャープ
人々は虐殺され殴られる時、私が「政治的柔術」と呼ぶプロセスを生む。
そこでは、より多くの人々を政権支持から抵抗行為へと方向転換させる。反対勢力が持つであろう強さは、敵対者を弱体化させることに利用される。

抗議行動はいつしか実際の放火や暴力にエスカレートしていった

暴徒が所持していた手製の武器

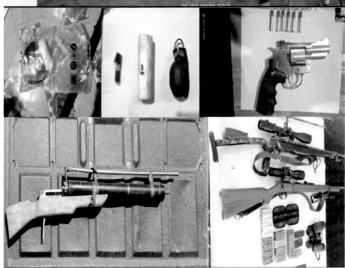

19

私の知る限り、現在までに **7000** 人以上が死亡し、何千人もの負傷者が出ています。公共インフラや私有財産は破壊された。 国は今、深刻な崩壊の危機にあります。 とても残念なことです。

How may little eggs are to be broken up to make the omelet?

デモで暴れる子どもたち。子どもなども
暴力参加に駆り立てた。
オムレツ作るのにいったいいくつ小さな
卵を割ろうというのか？

　この政治的混乱の結果、社会経済状況は大きな打撃を受けました。**2021** 年初頭の軍事政権樹立後、私たちは **COVID-19** パンデミックの深刻な影響に直面していました。欧米列強による人道的支援の疎外が表明されたため、**WHO** が共催する世界共通のワクチン提供プログラムから **1** 回分のワクチンすら受け取ることができず、カンボジアや中国などの友好国からの援助を受けながら自力で奮闘するしかありませんでした。パンデミックが沈静化した後も、私たちは国際的な政情不安や国内の治安問題に直面し、社会経済状況に直接的・間接的影響は及んでいます。

　社会構造については、いわゆる国民防衛隊 **PDF** に所属する反抗的な若い世代が追求する過激で超リベラルなイデオロギーのせいで、我々の伝統的・文化的価値が損なわれています。これを見ればわかるでしょう〔注：あまりに損傷の激しい遺体の写真ゆえ割愛〕。私たちの社会で最も尊敬されている社会集団

である仏教僧や学校の教師たちが、彼らの残忍な殺害の対象となり、自分の弟子や生徒たちによってさえ処刑されました。治安の悪い地域では多くの学校が閉鎖され、時には破壊されています。

仏教僧は僧院を出て避難しています。私の知る限り、100 人以上の僧侶が、遠く離れた地域の小さな町や村、廃墟で殺害されました。

IDP（国内避難民）の人口は事実上増加しており、農業生産と輸出に支障をきたしています。この事態はわが国の経済に打撃を与えています。人道支援の必要性が緊急のニーズとなる一方で、一部の国々は依然として私たちに対するいくつかの制裁措置による集団処罰を行おうとしているのです。

下の写真をご覧ください。ご覧の通り、いわゆる国民防衛軍 PDF によって爆破された送電塔です。 私の知る限り、600 本以上の鉄塔が倒壊し、特に我が国で最も人口の多い都市であるヤンゴンでは、国民が頻繁に電力不足に悩まされています。国中の道路や橋が破壊されているのがお判りいただけると思います。交通機関や商業部門が打撃を受けています。次のページの写真は反政府勢力によって破壊されたインフラと学校です。私たちの国の社会経済状況に大きな影響を与えています。

From Boycott to Bombings: PDFs launch D-Day war on Mytel | DVB
Visit **Images**

Dated: 11-9-2021

26

国中で道路や橋の破壊が行われた

Terrorists destroy 397 roads, bridges across Myanmar

Dated: 25-11-2021

27

学校の破壊

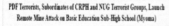

PDF Terrorists, Subordinates of CRPH and NUG Terrorist Groups, Launch Remote Mine Attack on Basic Education Sub-High School (Myoma)

6-6-2023

07-14-2022

28

以上述べたことは、私たちが今直面している本当の状況であり、課題です。しかし、ポジティブな点もいくつかあります。製造業が存在する都市部は、数々の挑発的なテロ行為にもかかわらず、概して平穏で安定しております。

表8　　国家行政評議会SACが掲げる5ロードマップ

1. 全連邦が法の庇護を受けて自由で公正な多党制民主総選挙が成功裏に行われるよう、平和と安定を強化することに重点を置く。
2. 国家経済促進と少数民族を含めた農業畜産業に根ざす製造によって、国民の社会経済生活を強化するよう、不断の努力を重ねる。
3. できるだけ全国的停戦合意に関与する合意に基づいて、国内の和平プロセスの結果と国家の主たる要素である国内の平和を取り戻す努力に優先順位を置く。
4. 永続的な規律ある多党制民主主義制度と民主的連邦主義に基づく連保の構築プロセスを強化するべく、継続的に推進力向上する。
5. すべての有権者の権利を損なうことなく、また、国家非常事態の規定を遵守して十分なコンプライアンスを満たしたプロセスと公正かつ公平に総選挙を実施する。そうすることで、国家の義務を選挙で選ばれた政府へ引き渡すべく、ロードマップの段階を進める。

　農村部のすべてが不安定なわけではありません。シャン州東部地域、モン州、ラカイン州、ヤンゴン、マンダレー、エーヤワディー、その他の南部地域など、多くの州や地域に安全な地域があります。これらの地域は、農業生産や工業輸出にとって極めて重要です。最も重要なことは、強力で愛国的な防衛サービスを持つことです。それは国家の役割です。

　われわれは、国家行政評議会 SAC の「5 項目のロードマップ」で指定された設計と安定化の仕事を完了した後、すみやかに自由で公正な選挙を実施するという固い決意を持っています。前ページ掲載の 5 項目のロードマップをご覧ください。このロードマップの第 5 項では、すべての有権者の権利を失

うことなく、非常事態宣言の規定を遵守し、公正かつ公平に総選挙を実施し、自由で公正な多党制の民主的総選挙から誕生する選挙政府に国家権力を引き渡すために、さらなる段階を踏むとしています。

　私たちは、5項目のロードマップを達成するために最善を尽くしています。自由で公正な選挙を実施するため、現在、私たちは国に住むすべての人に電子身分証明書を発行し始めており、2024年には国勢調査を実施しなければならない。また、可能な限り包括的な有権者リストを作成しようとしています。前回の選挙の失敗や欠点を繰り返したくないと、これが私たちの意図です。

　国際的な舞台では、近隣諸国をはじめ、ロシアや中東などの友好国の理解と支持を確保しています。

６．経済協力は安全保障の役割も

　日本・ミャンマー関係に移りたいと思います。　日本とミャンマーの二国間関係については、私たちの先人たちが何十年にもわたって築いてきた特別な関係に深い感謝の意を表したいと思います。ミャンマーが数々の制裁や経済的圧力に直面し、緊急の必要性に迫られている時、日本が力強い支援をしてくれたことを忘れてはなりません。特に鳩山首相閣下には、在任中、私たちの良好な関係のために多大な貢献をされ、ミャンマーの平和的な移行を強力に支援されたことに、心から感謝の意を表します。　私は、日本国民がミャンマーに対して依然として大きな同情と称賛の念を抱いており、ミャンマーの平和と発展に対する希望がまだ生きていることを知りました。

　結論としては、率直に言って、強制や経済制裁、外部からの圧力が良い結果を生むとは思えないのです。外部圧力は明らかに、先進国の道徳的優位性を示すためになされたのであり、本当の犠牲者は、彼らが守りたいという一般の人々なのです。　私たちは最近、イラク、リビア、シリア、アフガニスタン、その他多くの国々で、このような例を数多く見てきたではありませんか。

　正直に申し上げて、私はわが国が第二のシリアやリビアになるのを見たくない。したがって、国内の問題は外部からの介入ではなく、現地のステークホルダーによって解決されるべきだというのが私の考えです。経済支援やビジネス協力は、発展途上国の社会経済的・政治的問題の解決に望ましい結果をもたらすために、より効率的なのです。

　最後になりますが、ミャンマーが壊滅的な打撃を受けないよう、最大限の努力をすることをお約束いたします。　そして、ミャンマーの現状を正しくご理解いただき、ミャンマーの人々へのご支援をお願いいたします。（日本語で）ありがとうございました。

石戸光教授

　ウ・ココライン U Ko Ko Hlaing 閣下より貴国で起きていることについて、非常に簡潔ながら洞察に満ちたご説明をいただき、誠にありがとうございました。もちろん、閣下がすでに十分ご承知のように、メディアにおけるミャンマーの取り上げられ方は、おそらく私たちの国である日本も含めて、欧米の視点にやや傾斜しています。ですから、ミャンマーの状況をあなた方の視点から、ミャンマー政府の視点から理解することは、私たちにとって非常に重要です。　私たちは、平和的な抗議活動が暴動のような状況に陥り、この状況をコントロールする必要があることを学びました。

　プレゼンテーションの最後に、国内の政治的不安に言及しておられました。国内の関係者の努力によって、ミャンマーは間違いなく安定するはずです。同時に、ミャンマーの外から来た私たちは、そのプロセスを促進し、同時に人間の基本的なニーズとして必要なもの、つまり経済的な協力が必要なものを支援するよう努めるべきだと思います。それは私たちにとって非常に必要なことであり、私が学んだことでもあります。

　このあと、参加者の皆さんからご意見をいただきたいと思います。

　次のスピーカー、ウ・アウンナインウー U Aung Naing Oo 閣下、宜しくお願いします。

2章　ウ・アウンナインウー H.E.U Aung Naing Oo
　　　連邦政府省府大臣　報告　　〔注：民間出身経済専門家〕

　鳩山友紀夫元総理大臣閣下、ウ・ココライン U Ko Ko Hlaing 連邦大臣閣下、日本の研究者、専門家の皆様、こんにちは。

　私に自己紹介は必要ありません。多くの友人たちはすでにミャンマーの私のところに来ているし、私はミャンマーの多くの日本人ビジネスマンに知られていますから。

　それでは、さっそく私の討論に入りたいと思います。　第一に、私たちにとって非常に重要な、本日のこのオンラインシンポジウムにご出席の各国要人、学術関係者、研究者、招待客の皆様に、心からのお礼を申し上げます。　本日のイベントは、日本で最も権威のある機関のひとつである日本の大学が主催する初めての機会ということで、特別な意味を持っています。

　皆さん、日本は我々にとって、友好国としてだけでなく、重要な開発パートナー、主要な貿易相手国、投資国というユニークな立場にあります。　このような機会を得て、日本の皆様とともにシンポジウムに参加できることを大変嬉しく思います。　本日のディスカッションでは、主に経済的な観点に焦点を当て、ミャンマー政府が現在直面している課題や障害について述べるとともに、それらを克服するためにミャンマー政府が行っている協調的な取り組みについて紹介したいと思います。

1．CDM が与える経済への影響

　ご列席の皆様、2021 年 2 月 1 日の就任以来、国家行政評議会が直面した課題について簡単にご説明いたします。　私たちの歩みは、経済発展への歩みを妨げる四つの反抗の波によって特徴づけられてきました。　最初の波はストライキであり、ウ・ココライン大臣が先に述べた通り、その後の混乱と無政府状態を引き起こしました。　国内のほぼすべての都市で多くのストライキやデモが起こり、特にヤンゴンのいくつかの工業地帯では、工場が放火され、ヤンゴン地域のほぼすべての工場が閉鎖され、国内の他の地域でも同様に閉鎖されました。

　特に、ウ・ココライン大臣がすでにパワーポイントのスライドや犠牲者の写真で示したように、罪のない公務員や地元警察が正体不明の襲撃者によって残忍に殺害されました。このような悲惨な事件を受けて、国家行政評議会は、さらなる負の事件が起きないよう抑制・軽減するために介入しなければなりませんでした。

　第二の波は、ウ・ココライン大臣がすでに触れた、CDM（市民不服従運動）の出現です。それは、数十万人の公務員が参加する広範なストライキでした。

"CDM" のようなスローガンや、「オフィスに行くな、脱走せよ」というスローガンは、デモ参加者の間に広く共鳴しました。 特筆すべきは、国家行政評議会が立ち上がって最初の1ヵ月間に、保健・教育セクターがCDMに大きく参加したことです。CDMの究極の目的は、経済と国全体を崩壊させること、官僚機構を破滅させることにあります。 こうした課題に対処するため、国家行政評議会は公務員の職場復帰を促し、各省庁内の組織体制を強化することで、運動の影響を打ち消そうと努めてきました。

　第三の波は、金融部門をターゲットにしていました。銀行から顧客の預金を大量に引き出させるような噂のひな型を作り出し、国内の多くの銀行を麻痺させたのです。そして真の意図は、国内の通貨システム全体を破壊することでした。このような困難にもかかわらず、国家行政評議会は真摯に嵐を切り抜け、国内の金融セクターに安定を取り戻しました。

　第四の波は、COVID-19 パンデミックの影響です。パンデミック対策としてロックダウンや規制など必要な措置を講じ、国内のほぼすべての企業が閉鎖を余儀なくされました。残念なことに、旧政府は医薬品や医療機器を十分に確保できず、重要物資の不足につながった。その結果、多くの患者がこの健康危機の間、酸素や適切な投薬といった必要不可欠な資源へのアクセスが困難になりました。

　さらに、医師、看護師、医療スタッフがCDMに参加したことで、公立病院の医療スタッフ不足が深刻化しました。この重大な局面で、献身的な軍の医療専門家が、国民に必要不可欠な医療を提供するために介入しました。

　このような多面的な課題に直面しても、国家行政評議会は揺るぎない決意をもってそれぞれの波に対処している。 それは、これらの困難を克服し、我が国の強靭な未来を育むという、我々の総意である。 各位、ご列席の皆様、「四つの波」という形で一連の困難が続いた後、米国政府による制裁発動が新たな大きな打撃をもたらしました。 お気づきのように、米国政府は制裁を発動し、国営銀行の通貨送金能力に大きな影響を与えました。これは貿易に携わる事業体にとって大きな困難をもたらすものでした。

　また、世界銀行、アジア開発銀行、その他の開発パートナーからの重要な資金援助も停止しました。制裁はまた、外国人投資家のミャンマーに対する信頼低下にもつながっています。

２．通貨

　こうした生き残りをかけた課題に対し、私たちは欠点を補うためのさまざまな対策を実施してきました。 政府は政策を内向きに転換し、国の経済開発基金を通じて多額の資金援助を行い、地元の零細・中小企業を積極的に支援しています。同時に、この国の伝統的なビジネスに不可欠な農業と畜産部門

を強化するための協調的な取り組みも進めています。こうした政策の結果、ミャンマー国民の投資額は増加しています。さらに、国家行政評議会は食料安全保障に高い優先順位を置いて、輸出の強化、収量増加、促進に向けて多大な努力をしています。

　米国の制裁の影響を緩和するため、国家行政評議会は積極的に脱米ドル政策を推進してきました。特に、ミャンマーと中国の二国間貿易では人民元の使用を、ミャンマーとタイの二国間貿易ではバーツの使用を、インドとミャンマーの二国間貿易ではルピーの使用を提唱しています。ミャンマーの対外貿易総額の60％以上がこれら主要3カ国との貿易であることを考えると、これらの努力は極めて重要です。　同時に、外貨準備を強化するために、貿易赤字をできるだけ少なくするために、国家行政評議会が好む方法ではないとしても、いくつかの非関税措置を一時的に適用する以外に選択肢はありません。

　これらの戦略的措置は、現在の状況がもたらす経済的課題を乗り切るために実施されるものです。実際、証券取引委員会は、ミャンマーの社会経済発展に多大な悪影響をもたらす技術的な違法取引という重大な課題に取り組んできました。ミャンマーの国境地域は、国境沿いの不法取引から利益を得る少数民族武装組織に道を開いているのです。

３．ダウェイ経済特区の開発業者を選定する国際入札を予定

　皆様、ミャンマーへの直接投資の流入に関して、政府は維持、拡大、誘致という包括的な戦略に取り組んでいます。　第一の目的は、現在の外国直接投資の水準を維持することであり、第二の焦点は、投資家がミャンマーで事業を拡大することを奨励することです。この戦略の最終的な目的は、特定分野での新規投資に参加する投資家を積極的に誘致することですが、これには多くの課題があります。

　将来的には、中国との協力関係を通じて実施される中国・ミャンマー経済回廊内のプロジェクトに大きなチャンスがあります。　さらに、チャオピュー深海港プロジェクトの実現も目前に迫っています。

　ダウェイ経済特区については、イタリア、タイとのコンセッション契約は国民民主連盟 NLD 前政権時に終了していますが、ミャンマー、タイ、日本の3国間協定はまだ生きています。その協定をダウェイ経済特区の開発に生かすことができます。現在、著名な中国企業数社もこのプロジェクトへの投資に関心を示しています。これらのプロジェクトの実施を促進するために、ミャンマーの経済特区法、特にダウェイ経済特区のための新しい開発業者を選定する国際入札を近い将来行う予定にしています。

　ティラワ経済特区は、ミャンマーと日本の経済協力が目覚ましい成功を収めていることの証です。私は経済特区中央作業部会長として、ティラワ経済

特区の投資家たちと積極的に交流してきました。多くの困難や障害にもかかわらず、私は必要な支援を提供し、彼らの困難を解決してきました。さらに、丸山駐日大使とも頻繁に会合を持ち、日本の事業体が直面する問題への対処を支援してきました。

４．質の高い日本の投資はミャンマーの社会経済発展を押上げる

　ご列席の皆様、現在、貿易赤字への対処が重要な課題となっています。輸出を積極的に促進し、輸入に必要な品目を優先することです。同時に、安全保障上の懸念から、特定の州や地域の生産性に対する制約も残っています。この問題については、すでにウ・ココライン大臣が言及されていますが、現政権が包括的なアジェンダの一環として、食料安全保障の確保に高い優先順位を置いていることは注目に値します。

　日本はミャンマーへの主要な投資国の一つとして際立っており、その投資は質の高さとミャンマーの社会経済発展への実質的な貢献が特徴です。特に経済発展の障害や支障が顕著な困難な時期に、ミャンマーへの日本の投資を維持・育成することは非常に重要かつ意義深いものとなっています。

　既存の日本からの投資は、ミャンマーの貧困緩和に貢献するだけでなく、経済状況における他国の影響力のバランスをとる役割も果たしています。

　ミャンマーと日本の関係の特徴的な側面は、二国間投資条約にあります。この条約には、保護、促進、自由化という３つの重要な要素が含まれています。私は過去６〜７年前、日本側とこの特別な協定の交渉プロセス全体を主導したことを誇りに思っています。この枠組みは、日本に強固な投資環境を提供し、投資を保護するだけでなく、ミャンマーへの投資拡大に有利な雰囲気を醸成する法的保証を提供します。国家行政評議会が、ミャンマー全土およびミャンマー連邦全体の平和と安定を優先させるという固い決意を表明したことは注目に値します。ウ・ココライン大臣が、今後数年間、自由で公正な選挙を確実に実施できるよう、国家行政評議会の５つのポイント・ロードマップの中ですでに触れています。

　先ほど申し上げたように、自由で公正な多党制の民主的総選挙を成功させるためには、法の支配を堅持することが極めて重要です。このような情勢を踏まえ、私は、すべての日本人が選挙後の経済情勢がより良好になることを期待し、現在の投資を継続し、事業拡大の機会を模索することを奨励したいと思います。

　これは、参加者の皆様、特に日本の参加者の皆様に、日本からの投資がいかに重要であるか、また、ミャンマーにおける日本からの投資の存在をいかに確実なものにしているかをご理解いただくための私のハイライトです。そして、この情報をできるだけ全ての日本企業に伝えてください。

加えて、私は新たな投資家たちに温かい招待状を送り、ミャンマーには課題があるものの、投資を検討するよう促しました。私たちは、彼らがミャンマーで適切に事業を運営できるよう、最善を尽くしています。

　結論から言えば、国家行政評議会は経済発展の追求において、手ごわい障害に立ち向かい、乗り越えてきました。先に説明したように、多くの課題があり、反抗的な波が押し寄せているにもかかわらず、私たちはこれらの難題を乗り切り、安定を育み、わが国をより明るく豊かな未来へと導くという決意を堅持しています。
　このように、私たちはこの国をより良い方向へ導くために尽力しており、日本政府を含め、どのような海外のパートナーとも協力するつもりです。そして、日本政府、日本の経済界、日本の人々と国家行政評議会との間に、より良い理解が生まれ、将来、より多くの Win-Win の状況が生まれることを願っています。　ご清聴ありがとうございました。

石戸光教授

　ウ・アウンナインウー 閣下、ミャンマーで起きていること、特に経済的な側面に焦点を当てた総括スピーチをありがとうございました。　私は ASEAN 地域における海外直接投資の決定要因と影響を専門としています。
　私はかつて、今日のシンポジウムにも参加されている教授と論文を共著する機会がありました。　農業にとって生産性の向上は非常に重要ですから、私たちはアグリカルチャー・プラス・プラという戦略の重要性を強調しました。農業部門だけでなく、酪農部門、製造業、食品加工も重要です。　そしてもちろん、サービス部門、効率的な方法で食品を提供すること、さらに教育、技術教育、職業教育など、その他すべての効率促進策も含まれます。　これらはミャンマーを促進する可能性があると申し上げました。
　私の観察では、ミャンマーはとても広い国土を持っています。　私はミャンマーを何度か訪れたことがあるので、農業や資源分野がいかに豊かか知っています。数年前のこととはいえ、本当に農業に基づく経済発展の可能性を感じていました。　その後、このような事態になり、そして現在の状況は私たちが知っている通りです。日本の投資はむしろある程度重要であったという見解を共有したいと思います。ご講演ありがとうございました。

3章　鳩山元総理より友愛外交の視点から　報告

石戸光教授

　それでは次のスピーカーに移りましょう。　本日は、鳩山友紀夫元首相をお招きし、ご講演をいただきます。　鳩山友紀夫元総理は、ミャンマーの農業関連、あるいは農業研修関連の若者を日本に招聘し、両国の友好関係を育んでこられました。　お忙しい中、本シンポジウムへのご招待を快くお受けくださり、ミャンマーのことをとても心配してくださっています。鳩山友紀夫先生、本当にありがとうございました。では、鳩山友紀夫先生にスピーチをお願いしたいと思います。

1．友愛の精神に基づき、東アジアを非戦共同体にしたい

鳩山友紀夫元内閣総理大臣／東アジア共同体研究所理事長

　本日、石戸教授をはじめとするミャンマー研究者の皆様のご厚意と、ミャンマー大使閣下のご協力をもちまして、ウ・ココライン U Ko Ko Hlaing 連邦大臣閣下、ウ・アウンナインウー U Aung Naing Oo 連邦大臣閣下と私たちとのオンラインシンポジウムを開催することができ、大変感謝しております。

　というのも、日本のメディアは米国を中心とした欧米からの情報を国民に伝えており、それらは偏ったものであることが多く、多くの国民が公平で公正な判断をすることが難しいからです。例えば、ロシアのウクライナ侵攻は確かに非難されて、メディアはゼレンスキー大統領を『善』、プーチン大統領を『悪』と決めつけています。

　けれども、話がそれほど単純でないことは明らかです。ミャンマーの非常事態宣言についても同様です。双方の考えをよく聞き、ミャンマーの現状に対して日本がとるべき道を示したいと思っています。

　私は 2009 年から 2010 年まで日本の首相を務めました。　私は、米国に依存しすぎた日本外交を変え、東アジア共同体を構築し、東アジアを二度と戦争が起こらない非戦共同体にすることを提案しました。　いまだにその目標は達成できていませんが、その思いは変わりません。そのためには、友愛の理念を世界に広めていくことが不可欠だと思います。

　友愛精神の重要性は、私の祖父である鳩山一郎が首相時代に日本で提唱したものです。彼は半身不随の身でモスクワに赴き、日本とソ連との戦争を終結させ、シベリアに抑留された多くの日本人は祖国の土を踏むことができました。晩年、彼は「友愛」という財団を遺しました。

私は現在、友愛財団の理事長を務めています。　アウンサンスーチー女史が来日された際、私は農業の発展がミャンマーの発展にとって極めて重要であると感じました。　そこで友愛基金として、毎年2、3人の農業青年をミャンマーから受け入れ、数ヶ月間にわたる日本でお農業研修後、彼らはミャンマーに戻り、日本で学んだ農業技術を実践しています。

　彼らは、サツマイモ栽培を実践する中で、農業に適した土壌改良の必要性を痛感し、堆肥の作り方を学んでいきました。現在、農業青年の受け入れには困難を伴うものの、農業支援を通じてミャンマーの発展に協力できればありがたいと思うのです。ミャンマー政府は経済を活性化させることで国民の力を活性化させ、その結果、政府と国民の距離が縮まることでしょう。

　おっしゃる通り、農業はミャンマー経済にとってなくてはならないものです。私の農業への支援は微々たるものですが、ミャンマーの安定に少しでもお役に立てればと思います。

２．自己の尊厳を尊重するとともに、他者の尊厳を尊重する友愛の精神

　先ほど、ASEAN10カ国と日中韓の3カ国を中心とした東アジア共同体を形成し、東アジアを非戦共同体にしたいと申し上げました。

　実際、第二次世界大戦まで西ヨーロッパでは紛争に事欠きませんでした。しかし、欧州石炭鉄鋼共同体の設立や独仏の共同事業への取り組みなどを通じて、紆余曲折を経て現在のEUが形成され、その根底には友愛の思想があったのです。そうして、現在の世界共同体が形成されました。

　友愛とは、自己の尊厳を尊重するとともに、他者の尊厳を尊重する精神です。言い換えれば、自己と他者の違いを理解し、尊重することによって助け合う精神である。しかし、主に欧米諸国は、アメリカ、日本、ヨーロッパという価値観の対立をいたずらに強調してきました。

　政治家や官僚が口を開けば、『民主主義対権威主義』とか『自由対専制政治』などと言う人が多い。　価値観を議論することが悪いことだとは言わないですが、民主主義や人権といった価値観を外交に持ち込みすぎると、価値観の異なる国を机上の空論として排除することにつながりかねません。

　真の民主主義とは、価値観の異なる国同士がどれだけうまくやっていけるかを追求することだと思う。友愛外交こそが真の外交です。　現在のミャンマーの政治状況や経済状況で、友愛の心は通じるでしょうか。

　先日、一帯一路国際協力サミットの招待で中国を訪れた際、人民大会堂での宴席でミャットンウー Mya Tun Oo 将軍と少し話をすることができました。将軍に現在の政治状況について尋ねると、安定しつつあるとのお答えでした。

総選挙の可能性について尋ねると、準備が進んでおり、来年には選挙が行われる可能性があるという印象を受けた次第です。

３．革新的な方法で総選挙を

　民主主義を標榜する以上、総選挙は民意を政治に反映させるツールとして大きな意義があります。総選挙に向けて準備を進めていることは大いに望ましいことであり、準備が整い次第、一日も早く総選挙が実施されることを期待したい。ミャンマー政府が総選挙を通じて国際社会への復帰を望むのは当然です。しかしそれには、国際社会が認める形で総選挙を行う必要があります。

　例えば、国際社会が選挙監視団を組織する場合、ミャンマー政府はそれを受け入れなければなりません。また、反政府活動に従事していた人々の多くは、故郷を離れて国内に逃げ込んだり、タイ国境を越えて近隣諸国に逃亡したりしていますから、このままでは投票権を行使することはできません。

　彼らの多くは総選挙のボイコットを訴えていますが、民意を反映するための手段である総選挙の投票を棄権すべきではないと思います。選挙が正当とみなされるには、反政府活動によって国外に逃亡したり、海外にいる人々の安全な帰還を確保したりすることが必要です。そして、一人でも多くの人が有権者として投票できるように準備してほしい。

　一方で、投票所で選挙管理に携わる公務員や民間人の安全も確保しなければなりません。投票する有権者の身の安全も保証されなければならない。そのためには、国外の数カ所に投票所を設置するなど、革新的な選挙実施方法を導入すべきです。アフガニスタンはその手法を取ったのです。参考にされてはいかがでしょう。

　有権者登録や選挙方法については国際 NGO や国際協力機構 JICA の協力を仰ぎ、多くの政党が参加できるよう、必要であれば政党法を改善するのがよいと思います。言うまでもなく、武力によって平和を作り出すことはできないので、少なくとも選挙期間中は反政府勢力も軍も武力行使を禁止することが不可欠である。武力衝突が起きれば、国際社会が総選挙の結果を認めることは難しくなり、ミャンマー政権が国際社会に復帰することも難しくなる。

　ミャンマーが国際社会へ復帰するように、反体制派も政府も、過去を反省してお互いを非難してはなりません。特に政府には、自らの尊厳を尊重するだけでなく、相手の尊厳を尊重する精神を持って接してほしいと強く願っています。友愛の精神を示すことによって、ミャンマーに平和が訪れ、安定した経済発展の道が開かれると信じています。

今回の選挙が国民和解をもたらし、ミャンマーの未来を築く足がかりとなり、ミャンマーが早く国際社会に復帰し、グローバル・サウスで重要な役割を果たすことを願っています。それから、2人のスピーカーへの回答ですが、経済制裁が成功したケースは世界中どこを探してもないと理解しています。ですから、経済制裁の代わりに、経済協力が助けになると思います。
　ご清聴ありがとうございました。

石戸光教授

　鳩山友紀夫元内閣総理大臣、ミャンマーの状況についての洞察に満ちたご講演をありがとうございました。ご講演の中で「fraternity 友愛」という非常に重要な言葉を強調されました。日本語では『友愛』です。そう、友情や愛も含まれますが、まず自己の尊厳、それから他者の尊厳、そして相互理解です。発言の後半では、経済制裁よりも経済協力を強調し、経済制裁が実を結ぶ可能性は小さいのだから、友愛に基づいた経済協力、心と心の相互理解がこの重要な時期には不可欠なのだと強調されておりました。
　両大臣の素晴らしいご発言、そして鳩山前総理大臣のご発言は、私たちが一歩先を考える上で本当に貴重なものですので、後日の対談の中で参考にさせていただきたいと思います。鳩山先生、ありがとうございました。

　それではディスカッションに移りましょう。司会を、ミャンマーに詳しいモデレーターにバトンタッチしたいと思います。それでは吉田さん、お願いします。

4章　ディスカッション

吉田鈴香

　こんにちは、本日はモデレーターとして、この重要なシンポジウムに参加できて大変光栄です。

　鳩山先生のお話を聞いて、今のミャンマー政府と国民が鳩山先生が話した友愛の精神を分かち合えば、すべての国民が寛容、尊敬、尊厳の気持ちを持ってお互いを許し合えるようになると信じるようになりました。

　それでは、日本側には、ミャンマーの歴史と政治の専門家がここにおられます。現在のミャンマーの社会経済状況をどう見ればよいでしょうか。

出席者

　ありがとうございます。 はじめに、このような重要なシンポジウムを開催してくださったウ・ココライン U Ko Ko Hlaing 閣下、ウ・アウンナインウー U Aung Naing Oo 閣下、鳩山閣下、石戸先生ほか研究者の皆様、そしてミャンマー大使館に心から感謝申し上げます。

　現在、日本の大学で教授をしておりますが、 私どもの大学を卒業したミャンマー人職員がいます。また、現在本学で学んでいる者もおります。

　ウ・ココライン閣下、あなたにお会いするのは初めてですが、とても有名で著名な政治学者なので、お会いできてとても嬉しいです。 テインセイン Thein Sein 元大統領の政治顧問ということで、日本では誰もがあなたの名前を知っています。また、ウ・アウンナインウー閣下とは長年の友人です。髪が真っ黒だった頃に知り合い、北陸地方の福井や金沢を一緒に旅行しました。今では二人とも白髪になりましたが、とてもいい思い出です。

　鳩山先生、友愛についてのご発言ありがとうございます。 今、ミャンマーで最も重要なのは友愛だと思います。しかし同時に、私は現在のミャンマーの状況、政治的、経済的、社会的状況について非常に残念に思っています。 紛争はミャンマーの多くの地域で続いており、経済は悪化の一途をたどっている。 教育状況も悪化しており、多くのミャンマーの若者が学ぶ機会を失い、国を去ろうとしている。これはとても悲しい状況です。胸が痛みます。

1． （質問）なぜミャンマー国軍は非常事態を宣言したか

　私はせっかくお二人の大臣がいらっしゃるのだから、ミャンマーの現状を説明する代わりに、いくつか質問をしたいと思います。 これらの質問は、多くの日本人もその答えを知りたいと思っていると思います。

　最初の質問は、なぜミャンマー軍はすでに 2 年半前に非常事態を宣言したのか、ということです。私の質問を非難と取らないでほしいのですが、私は

その答えとコメントを本当に知りたいのです。その上で、日本の人たちにそのメッセージを伝えたいと思っています。

表9　　　　質問（1）
Q 1 ．なぜミャンマー国軍は非常事態を宣言したのか？ ✓　2020 総選挙は、有権者登録リストが不完全とはいえ自由で公正なものだった。ミャンマー国軍による説明では納得できない。 ✓　ミャンマー国軍が非常事態宣言をした本当の理由は何か？2008 年憲法では国軍が政治に関与することが保証されていたはずで、非常事態宣言を出す必要はあったのか。

　ウ・ココライン U Ko Ko Hlaing 閣下が仰っていたことは理解しました。しかし私には、有権者登録リストに不備があったとしても、2020 年の総選挙はそれなりに自由で公正であったように見えます。私は、ミャンマー軍が 2020 年の選挙、特に有権者登録リストに不正があったと主張していると理解していますが、それは根拠があるものなのか。

　インターネット上の非常に詳細な数字を含む彼らの説明も読んでみました。しかし、私はまだミャンマー軍の説明に納得しきれていない。数字は非常に複雑で、いまだにはっきりと理解できていません。

　だとすれば、ミャンマー軍が非常事態を宣言した本当の理由は何だったのでしょうか。人々は、単に国軍が権力を握りたかったのだと言う。しかし、もちろん権力を握りたかったとしても、2008 年憲法ではそもそも軍は国政に関与することが保証されていたはずです。ここで非常事態を宣言して全権掌握する必要はあったのでしょうか。本当の理由はまだわからない。これが現在の状況の出発点ですから、ここを理解することは非常に重要なことだと思うのです。

　さて、次の写真はフェイスブックから取りました。2020 年の選挙当日です。人々は整然と並んでいます。COVID-19 の大流行時だったので、投票者はマスクとフェイスガードを着用しています。もちろん、混雑している投票所もあったことでしょうが、この写真は、人々が自分の意志で投票に臨んでいることを示していると思うのです。

Was the general election in November 2020 rigged?

整然と行われたミャン
マー2020年総選挙の風
景。これはまやかしだ
ったのか？

(Source)
Facebook post on
November 8, 2020).

Voters wearing protective face masks line up to cast their ballots at a polling station Sunday, Nov. 8, 2020, in Naypyitaw, Myanmar. Voters in Yangon turned up early Sunday in large numbers to vote in nationwide elections that are expected to return to power the party of Nobel Peace Prize laureate Aung San Suu Kyi. (AP Photo/Aung Shine Oo)

　また、集計に関しては、選挙管理委員会の職員が政党の代表の前で票を数えていたので、集計もオープンで透明性があった。というのが私の印象です。あまり大規模な不正は見られなかったのです。もちろん、選挙キャンペーンの部分については知りませんが、少なくとも投票と集計については、それほど大きな不正は見受けられませんでした。

Union Election Commission (UEC) officials proceeding with vote counting in front of political party officials in Yangon

ヤンゴンで、
政党委員の前
で票数を数え
ている連邦選
挙委員会 UEC
職員

(Source) Nikkei on November 8, 2023.

　もちろん、ウ・ココライン U Ko Ko Hlaing 閣下の説明で理解できた部分もありますが、この質問に対するお考えをお聞かせください。ここが疑問の

源なのです。多くの日本人はこの部分を理解したいと思っていることでしょう。

２．（質問）なぜミャンマー国軍は暴力の連鎖を止められないか

　二つ目の質問は、なぜミャンマー軍は今回の暴力の連鎖を止められないのか、ということです。過去には、ミャンマー軍は民族武装組織やビルマ共産党などの反政府グループの活動をコントロールすることができて、軍は平和と秩序の回復に成功したと聞いています。しかし、今回は平和と秩序の回復に失敗しているのは、なぜでしょうか？

> **表 10　　　　　質問（２）**
>
> Ｑ２．　　なぜミャンマー国軍は暴力の連鎖を止められなかったか？
> ✓　過去には、ミャンマー国軍は少数民族武装勢力を含む反政府グループをコントロールすることができたというのに、今回はなぜできないのか？
> ✓　「1027 作戦」の影響は？　その目的とは？　中国との国境貿易が妨害されるだろうか？

〔注：「1027 作戦」とは、2023 年 10 月下旬、中国国境沿いを含む北シャン州に居住する 3 つの少数民族武装勢力が連携して、国軍と警察治安部隊、親国軍民兵組織を襲撃した作戦。北部同盟 4 つの中の 3 軍（アラカン軍 AA、ミャンマー民族民主同盟軍 MNDAA、タアン民族解放軍 TNLA）が結成した「兄弟同盟」が攻撃した〕

　関連して、ごく最近、シャン州北部でミャンマー軍に対する「1027 作戦」が開始されたと聞いています。私は驚きましたが、この作戦の影響と目的を知りたいのです。この作戦は中国との国境貿易ルートがある地域で行われたので、国境貿易が中断されるのではないかと心配しています。ミャンマーと中国の国境を越えた貿易が中断される可能性はありますか？道路はミャンマー経済の大動脈ですから、何か意味があると思います。
　この地図では、赤い部分が紛争地域を示しています。上段の 3 つの地図は緊急事態が起こる前のもの。それが下段地図にあるように緊急事態の後、紛

争はサガインを含む国内の多くの地域に広がりました。ザガインはミャンマーの中心地です。これには本当に驚きました。

図1. 紛争の広がり

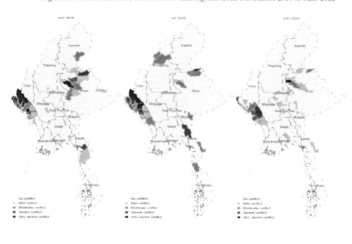

Figure 3: Conflict intensity across states and regions from November 2019 to May 2022

(Source) World Bank, Myanmar Economic Monitor, July 2022.

Source: World Bank staff estimates using data from the armed conflict location and event data project (ACLED).
Note: No conflict is defined as no conflict related events in each month. The determination of "Mild" to "Very severe" conflict is determined by the quartile method – dividing data on the number of conflict related incidents into four parts.

また、多数の兵士とその同盟者（同盟者とは退役軍人が多く在籍する政党、連邦団結発展党 USDP を意味する）が殺害されました。下の写真は、国民防衛隊 PDF や少数民族武装勢力に殺された党員や支持者を追悼する記念碑の開会式です。そして、1327 人の名前が記されました。 また、なぜ国軍はこれを防ぐことができなかったのでしょう。非常に驚きました。

A number of soldiers and their allies were also killed.

- The opening ceremony of the stone-pillar monument in memory of the party members and supporters killed by the extremists of party-politics was held at the headquarters of the USDP in Nay Pyi Taw on 26 March 2022.
- A total of 1,327 party members and supporters have been killed since the military coup, said Than Htay, the chairman of USDP.

(https://infosheet.org/node/2144)

多くの兵士とその仲間もまた殺害された

　これは「作戦 1027」を表す地図であり、中国国境沿いに居住する２つの少数民族武装勢力（ミャンマー民族民主同盟軍 MNDAA、タアン民族解放軍 TNLA）と、ラカイン州から越境してきた１つの武装勢力（アラカン軍 AA）とが軍事政権に対して攻撃を開始しました。これが二つ目の質問です。

"Operation 1027" in Northern Myanmar
▲ Armed insurgent group ■ Key conflict locations
— Road blocked by insurgents

Source: BBC and Media Reports as of 7 Nov 2023

３．現政権の経済政策

　最後の質問は、現政権、国家行政評議会の経済政策についてです。ウ・アウンナインウー U Aung Naing Oo 閣下のプレゼンテーションから、アメリカの制裁やその他の状況に対応していると理解しました。　しかし、すでに2年半が経過していますが、閉鎖的で管理志向の経済に戻ろうとしているのでしょうか?

```
┌─────────────────────────────────┐
│   表 11.　　　質問（3）            │
└─────────────────────────────────┘

　Q3.　　国家行政評議会の経済政策は?
　✓　閉鎖的で管理思考の経済に戻ろうとしているのか?
　✓　ミャンマーでの外貨準備の現状
　✓　国家行政評議会はいかなる条件ならば外貨規制を緩和
　　　することできるか?
```

　また、ミャンマーの外貨準備の状況はどうなっているのか、現政権はどのような条件下で外貨規制を緩和することができるのか知りたい。　ご存知のように、日本企業を含む多くの企業は、原材料、部品、コンポーネントを輸入するための外貨の確保に苦慮しています。それができなければ、操業を停止せざるを得ません。

　次のグラフは、ミャンマーへの直接投資、政府開発援助、送金の流入額です。これは、2011 年以降、テインセイン Thein Sein 政権になってから、直接投資、政府開発援助、送金の流入が大幅に増加したことを明確に示しています。　私は、ウ・アウンナインウー閣下とウ・ココライン閣下がこの変化を起こすために多大な貢献をされたことをよく理解しています。

- Since 2011, FDI, ODA and remittances inflows to Myanmar have substantially increased.

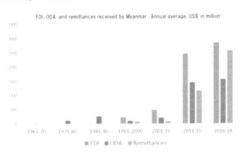

FDI, ODA, and remittances received by Myanmar (Annual average, US$ in million)

(出所)World Bank, World Development Indicators, accessed on 05 Oct. 2020.

> 2011 年以来、
> ミャンマーへ
> の直接投資と
> 政府開発援助
> は実質的に増
> えていた。

　私たちが MCDV（ミャンマー総合開発ビジョン）を作成し、二極成長戦略やミャンマー経済回廊など、多くの成長戦略を提案したことを覚えていますか？ これらの戦略はすべて「門戸開放政策」に基づくものでした。 私は、あなた方が国家行政評議会に影響を与え、彼らの経済政策を変えてくれることを心から願っています。あなた方のコメントと答えをお聞かせください。

> GDP 密度を観れば、ミ
> ャンマーの経済活動の
> 地理的分布が分かる。

GDP Density(GDP/Km^2)

Do you remember MCDV including **the two-polar growth strategy** and **Myanmar economic corridors**, etc.?

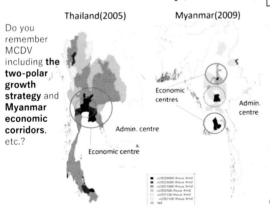

(source) Kudo and Kumagai (forthcoming)

Economic Corridors in Myanmar

- Myanmar has long been a "missing link" in Mekong Region due to poor infrastructure, poor investment climate and international sanctions.
- However, such an environment has been changed. Development of economic corridors make Myanmar a "connecting node" or "land bridge" in Mekong Region.
- First, develop Yangon-Mandalay Connectivity. Second, develop SEZs and/or hi-grade industrial zones in Yangon, Mandalay. Third, develop international corridors linking with neighboring countries (Continuous lines).

Source: IDE/ERIA-GSM
50

吉田鈴香

　大臣お二人にはこの質問に対して後程お答えいただきたく思います。では次に、政治的にこれをどう考えるか、専門家の政治学教授にお聞きしたいと思います。

参加者

　このような重要なシンポジウムにお招きいただき、ありがとうございます。

　私は政治学を研究しており、政治や政府においては、公共性が大事であり、公共圏の議論に政治は基づくべきだと考えています。そしてこの点は、友愛、つまり共同体における連帯、つまり国家共同体、さらには国際共同体の友愛とも密接に関係しています。そして、政治において公正や正義は非常に重要であり、それは権利だけでなく、文化的状況や自国の文化や社会における価値観や世界観にも基づくものであるべきだと思います。

　今日、ミャンマーから来られた皆様の話を聞いていて、19 世紀から 20 世紀初頭にかけての明治憲法下の近代日本の歴史を思い出しました。　当時は、明治維新に由来するエリート政府や軍事政権が存在していました。その後、民衆の力が強まったのですが、明治憲法では議会の権限が制約されていました。

４．日本にもあった共通善や国益をめぐる闘い

　そこで、民主主義的な政党が力を強め、軍事政権、あるいは当時のエリート政権と戦いました。 これらは日本史の初期において非常に重要な問題でした。一時的には政党内閣が成立したのですが、私は、その後軍事政権が勝利を収め、それが第二次世界大戦につながったことを残念に思っています。それが私たちの悲劇だったと思います。

　ミャンマーの国の状況は、日本の近代史におけるこの戦いを思い起こさせます。そこで、これに関連して、ご意見を伺いたい点が 2 つあります。

　まずひとつ目として、当時の日本では、共通善 common good や国益についての歴史的な戦いがありました。共通善には福祉だけでなく、経済的繁栄や安全保障も含まれます。 そして、初期の日本政府は経済的繁栄と軍事力を追求しようとしました。 それが当時の国益だと考えたからです。これに対して、民主主義的な勢力は、人々の参加や福祉を重視しました。この 2 つの考え方の間には、戦いや対立がありました。

　第二次世界大戦後、アジアのいくつかの政府は、西洋型の民主主義とは異なり、アジア型民主主義というような、ある種の新しい民主主義を追求しました。これについてどのように思われるでしょうか。ミャンマー政府が追求している政治は、アジアで追求されたこのような概念と何らかの形で関連づけることができると思うからです。

　そのような概念においては、政府は、軍事政権や強力な政府の指導の下でまず経済的発展を追求しようとします。第二段階として、人々の民主主義を重視すればいいとするのです。あなたはこのような考えをどう思いますか？あるいは、経済的繁栄、投資などと人々の参加という、二種類の共通の利益の間のバランスをどのように考えているのでしょうか？ それが最初の質問です。

　二つ目の質問は、鳩山元首相が述べられた友愛に関するものです。私は、国内や国際関係において友愛や対話は重要だと思っています。今日のような対話は、民族や国境を乗り越えるためにとても重要なことなのです。

　皆さんの中にも、人との対話、外国との対話を大切にしている人もいると思います。しかし、国際的な対話においては、欧米の理想や欧米主導の考えが強くて、皆さんの文化や社会に即した考え方に対して、外国人からの誤解を感じることもあるかもしれません。 そのような誤解が外国から、あるいは日本国内からあるとすれば、お話しください。文化の違いやメディアの偏向に基づく誤解などは感じることがあるでしょうか。

　私自身は、民族や文化の違いを超えて相互理解を追求するべきだと考えています。 つまり、他人の文化や他人の理解を認めることが重要なのです。 もちろん、相手の立場を十分に理解した上で、批判することもできるし、新し

いアプローチを提案することもできる。しかし、とにかくその前に、他の人々がどのように考えているかを知る必要がある。だから、何か言いたいことがあれば、それを知らせてほしい。これが私の質問の二つ目でした。ありがとうございました。

吉田鈴香

　ありがとうございました。教授のお話は、公共性の観点からで、公共性がどのように実現されるのか、民主主義の定義は何なのか、それぞれの国の文化が大きく影響していることを実感させられました。それは国によって違います。ミャンマーには独自の民主主義があり、おそらく別の言葉を使っています。日本も同じです。民主主義、あるいは公共性の概念を定義するには長い議論が必要なので、もう少し話を進めていきましょう。現在、公共性を実現する一般的な方法のひとつは、総選挙ですが、選挙は権威付けの道具であってはなりません。いかに良いもの、公正なもの、共通の利益を生み出すかということに焦点を当てなければならないからです。

　では次にお聞きしたいのですが、民主主義という言葉が定着した欧米諸国では、欧米の人々は民主主義に満足していたのでしょうか？　民主主義の専門家でいらっしゃる先生から、学問的見地からのご意見をお聞かせください。

５．民主主義をしのぐ勢いのポピュリズム

参加者

　ご質問ありがとうございます。この会合に参加できたことを大変光栄に思います。ミャンマーの閣僚の方々や鳩山先生のご講演は非常に示唆に富んでおり、ミャンマーの現状や友愛の概念について多くのことを学ぶことができました。

　主にヨーロッパの政治を研究している政治学者ですが、民主主義についての質問に答えたいと思います。実際、民主主義に対する信頼はここ数年で低下しています。20世紀は民主主義が徐々に発展し、成功した楽観的な時代だったと思います。しかし、今世紀に入り、潮流は反対側に向かいました。ご存知のように、21世紀に入ってから多くの国でポピュリスト勢力が台頭し、票を伸ばしました。そして現在では、イタリアやハンガリーなどヨーロッパのいくつかの国でポピュリスト勢力が政権を握っています

　この変化の背景のひとつは、人々が既成の民主主義制度を信頼しなくなったことです。民主主義制度への信頼が低下した理由のひとつは、グローバリゼーションだと言われています。EUの文脈では、欧州化、つまり、国民は国内の文脈では政府を選ぶことができますが、世界的な潮流からの影響に影

響を与えることはできませんし、ブリュッセルの官僚機構であるユーロクラットの決定に影響を与えることもできません。

　その意味で、人々はある種の無力感を感じ始めたのです。彼らは自分たちの国の文脈で決断を下すことができない。その意味で、ポピュリスト政策やポピュリスト政党、ポピュリスト政治家たちは、ユーロクラットや既成の政治家たちも、グローバリゼーションやグローバル資本主義の影響下にあると言う。そして真のエリートは国民に敵対していると言う。そして、このような説明によって、彼らは権力を手に入れました。

　最も重要なケースはブレグジットです。ご存知のように、ブレグジットは非常に驚くべき出来事でした。しかし、英国の文脈では、国民は EU の上からの支配を好まず、自分たちの主権を取り戻したいと言いました。

　これが正しい判断だとは言えません。私には確信が持てない。しかし、いずれにせよ、楽観的な 20 世紀の民主主義観は、現在かなり変わりつつあります。その意味で、伝統的な民主主義観では、それを明らかにすることはできない。その場合、ヨーロッパの民主主義観はアジアの概念とは多少異なります。ですから、アジア独自の民主主義の概念を構築しなければならない。そして今日の講義から、それは友愛に基づくものでなければならないと思います。今日のセッションは、私たちがコミュニケーションをとり、従来の民主主義の概念とは異なる新しい概念の創造に向けて大きな一歩を踏み出すために、非常に重要なものだと思います。ありがとうございました。

吉田鈴香

　ご解説をありがとうございました。ミャンマーだけでなく、日本もヨーロッパ諸国も、どの国も民主主義国家への道を歩んでおり、真の民主主義を必要としていることは理解していますが、民主主義の定義は国によって非常に変わりやすいものです。

　ともあれ、閣下のコメントをお願いしたい。ウ・ココライン U Ko Ko Hlaing 大臣、これらの質問と議論についてコメントをいただけますか？

6. （答）非常事態宣言の理由

ウ・ココライン大臣 H.E. U Ko Ko Hlaing

　大変良い質問をありがとうございました。　非常に良い質問というのは、答えるのが難しいものです。　しかし、これらはミャンマーの現軍事政権の正当性にとって非常に重要な質問です。　なぜミャンマー軍は非常事態を宣言し、権力を掌握したのか、お話しします。

　私のプレゼンテーションでも述べたように、私たちはクーデターだと非難されています。その通りです。　多くの有権者が自発的に訪れ、前回の選挙で投票し、おそらくその大多数が国民民主連盟 NLD に投票しました。　そして 2020 年の選挙では NLD が勝利しました。しかし、不正選挙が横行していたのです。　これが、選挙結果の正当性に大きな疑問を投げかけているのです。

　軍は不正投票や不正選挙に対して緊急命令を出していないことを指摘しておきます。　その権限は憲法で認められていません。しかし、不正な有権者リストの規模は非常に大きいのです。　私たちの統計によれば、ざっくりと、3700 万人の有権者がいるのですが、誇張された不正な有権者リストは 1080 万人と、有権者全体の 25％以上に上ったのです。

　ある選挙区では、有権者の 25％が実在していませんでした。　偽の名前と偽の住所で登録されていたのです。それがひとつ。こうして NLD 党は選挙に勝利したわけですが、彼らはそれを地滑り的勝利以上のもの、『スカイフォール』の勝利と呼んだのです。空が地面に落ちたくらいの勝利、ありえない勝利、といったところでしょうか。まあ、それは彼らが得た票の 80％くらいだと思います。北朝鮮の独裁者たちがいわゆる選挙で集めた票よりも多かったと思います。これが論理的ですか？

　もうひとつは期日前投票についてです。　私はスライドに多くの期日前投票を示しました。COVID-19 パンデミックの脅威のため、政府は事前投票を許可しています。そして、期日前投票は、公の祝賀行事のような投票プロセスでもないし、ブラジルやアルゼンチンのダンス祝賀行事でもありません。本来ならば誰もが家から出て、投票係の前で期日前投票をしたいと思っているのはご存じの通りです。

　期日前投票は、実は諸外国では非常に厳格なルールがあります。にもかかわらず、アメリカの過去の選挙でも多くの問題があった。なぜトランプ大統領は文句を言ったのでしょう？　なぜキャピトル・ヒルの事件が起きたのでしょう？　そのプロセスに有権者が不満を抱いたからです。

　わが国では、先ほども申し上げたように、与党が選挙に負けるのではないかという疑心暗鬼が大きかった。前回の選挙が行われる 2 年も前のこと。ヤンゴン市の知事選挙が行われた時、すでに NLD 党の人気は実はかなり落ちて

いました。党のエリートたちは大きなショックを受けたからこそ、彼らは、私のプレゼンテーションでも述べたように、どんな手段を使っても選挙に勝ちたかったのです。そのためにあらゆる手段を使った。そうやって、彼らは選挙でいわゆる勝利という信じられない結果を手に入れました。これは不正投票です。

　非常に興味深いことに、NLD 党が欧米社会と非常に緊密な関係、友好的な関係を持っているにもかかわらず、当時は国際的な選挙監視団をほとんど招きませんでした。そして、投票用紙の印刷から開票まで、選挙のすべてのプロセスが不透明で透明性がありませんでした。許可された選挙オブザーバー・グループでさえ、たまたま自分たちの子飼いで、NLD の元メンバーや幹部だった。　そして彼らは、アメリカの支援を受けた地域の選挙監視組織とつながりがあったのです。

　ですから、国際メディアや欧米メディア、一部の地元メディアの写真を見ても、選挙プロセスがルールに則っており、非常に平和的で秩序が保たれているとわかります。選挙は誰にでも開かれているのです。登録証を提示しなくても投票できる。　あっちからもこっちからも何度でも投票できるし、有権者登録をまたいだ投票も横行していました。そこで、本当の投票リストと投票用紙を町村ごとにチェックしたところ、先ほど述べたように、1080 万件の違法行為が見つかったというわけです。他方、NLD 支持者も有権者の大多数も NLD に投票したというのに、政権を取ることが許されなかったと、国際世論が沸き起こりました。一般の NLD 支持者は不満を増大させました。これが挙国一致内閣 NUG や国民防衛隊 PDF を台頭させた根本的な原因です。

　ともあれ、不正投票は非常に大きなものでした。　第二に、軍部や他の国会議員は、不正投票について議論するために臨時国会を開くことを要求しました。しかし政府も議会も、そして国会の議長たちも、憲法に従って要求された臨時国会の召集を拒否したのです。

　わが国の憲法では、200 人以上の国会議員が臨時会の招集を要求した場合、議長はできるだけ早く招集しなければなりません。しかし、彼らは国会開会まで臨時国会を召集しませんでした。　そしてまた、国軍の指導者たちは個人的にも公式にも、対話を通じてこの問題を解決するよう要請しました。軍事政権樹立の前夜まで、何度も何度も要請し、何度も何度も拒否され続けました。つまり、2021 年の 1 月 31 日には、最高司令官自らがこの問題についての対話を要請する手紙を書いたのですが、それにも関わらず、彼らは何の反応もしなかった。ゆえに、ミャンマー軍は非常事態宣言を検討しなければならなかったのです。

　二つ目のポイントにあげたいことは、不正投票だけでなく、与党が違法な手段で勝利を得たにもかかわらず、違法な手段で国家権力を握ろうとしたこ

とです。彼らは前国会の最終会期を開かずに新しい国会を開こうとしました。もし彼らが新しい国会を開く機会を得たとしたら、何が起こるかわからない。議会では彼らが多数を占めているのですから、何でもできたのです。

　ゆえに、彼らは戦争犯罪を呼びかけるのであり、彼らの中ではこれが最終的かつ決定的な戦いにせねばならなかった。これが私の最初の答えです。

　私たちが宣言したのは、票の不正操作のためではありません。彼らが違法な手段で国家権力を握ろうとしたからです。　今、私たちが行っていることは憲法に則ったことです。　私たちの憲法第417条は、誰かが違法な手段で国家権力を奪おうとした場合、国防省が責任を取ることを認めています。これが一つ目の質問に対する私の答えです。

7．（答）国軍が暴力の連鎖を止められなかった理由

　ご質問にあった、国軍の役割についてお答えします。「なぜミャンマー国軍は特にNUGやPDF、その他の民族武装グループによる暴力の連鎖を止められなかったのか」でした。答えは、もちろん、最初の質問にも関連しています。軍は憲法に則って国家権力を握っており、私たちの最大の任務は、国を安定させ、できるだけ早く新しい選挙を実施することです。だからこそ、国家元首である最高司令官は、国家の責任を引き継いだ直後から、可能な限り政治的な移行を進めるために、非常にソフトなアプローチを追求したのです。　最高司令官は当時ネピドーに集まっていたNLD党の議員たちを逮捕することはありませんでした。

　ミャンマーの政治や経済に詳しい専門家ならご存知かもしれませんが、1962年3月2日、ミャンマー軍がクーデターを起こしたとき、サオシュエタイッ Sao Shwe Thaik 大統領やウヌー U Nu 首相をはじめ、政府高官や国会議員は全員逮捕・拘束されました。　つまり、ほとんどすべての関係当局者と国会議員が何年も拘束され、逮捕されたのです。

　今回の非常事態宣言では、最高司令官である国家元首が会議を主宰しました。彼はすべての国会議員を釈放し、帰還させましたが、NLDの議員たちは政治的反抗行動を組織し始め、やがて武装反乱を起こしました。これに対して国家元首は広い視野に立ち、最大限の自制と最小限の武力行使を遂行したのです。　彼は公の場でそのマントラを繰り返し唱え、　彼の支持者の中には、『彼は野党や反乱軍を扱うには甘すぎる、軟弱すぎる』と彼を非難する者がいたくらいです。

　私は鳩山元首相や他の専門家の方々が繰り返し述べている友愛の心に、深くうなずいています。友愛は実は私たちの仏教文化に深く根ざしています。そう、友愛です。必要なのは友愛。我々はその価値観を壊したくはありませ

ん。　私たちに反対している人たちは皆、実は私たちの国民であり、家族なのです。　個人的には、私の親戚の何人かも現政権に反対しています。

　家族内でも、地域社会内でも相違があり、考え方の対立は、わが国の社会的結束と政治的完全性に非常に破壊的な傾向をもたらします。　だからこそ私たちは、そうした問題を癒そうとするのです。　なぜなら、ミャンマーはすでに国家の完全性と国家の連帯において非常に古い傷を負っているからです。宗教的、人種的、文化的背景の多様性があり、世界で最も長い反乱の歴史もあります。　日本とは異なり、多くの異なる民族がいます。

　日本のような国民国家は、すべての国民が同じ民族、同じ文化に属しているため、国民統合を成し遂げるのは非常に容易です。しかし、ミャンマーには 100 を超える異なる民族集団があり、夫々地政学的な特徴も社会経済的な地位も所得の平等性も大きく異なります。ですから、私たちの国の中で紛争を引き起こしたり、火をつけたりするのはとても簡単なことなのです。

　私たちは互いに争いました。　社会経済状況はすべて悪化していますが、その社会経済状況が政治的不満につながり、また新たな反乱の輪を作り出しています。私たちはその連鎖を止めたいと思っています。しかし、不幸な状況は、国民的団結を得るために私たちが取った緊急の試みに余地を与えませんでした。私たちはこうした反乱を止めることが非常に難しいと感じています。もし極端な方法で武力を行使するならば、我々には通常の軍隊があり、ミサイルがあり、多くの重火器があり、爆撃機があるが、我々は使用しません。なぜなら、それらの兵器はあらゆる外的脅威のためのものであり、国内の国民に使用するためのものではないからです。　だから、抵抗している自国民に対しては、非常に制限的な措置を取らなければならない。　これが二つ目の答えです。

2023 年 10 月 27 日の作戦（１０２７作戦）の影響について話しましょう。北部シャン州には、停戦に対する我々の非公式な了解を得ている多くの少数民族武装グループがあります。　しかし、そうした少数民族武装グループのほとんどは、住民を含め暮らしを成り立たせるには違法なビジネスに頼らざるを得ません。違法ビジネスと停戦を同時に実現することは非現実的なのです。ですから、SPDC（国家平和発展評議会、1997～2011 年の統治機構）や SLORC（国家法秩序回復評議会、1988～1997 年の統治機構）の時代から、われわれの指導者たちは『停戦が先、政治的解決は後』という決断をしてきました。

　停戦の下で、我々はいくつかの紳士協定、銃口の沈黙を守るという相互協定を結んでいます。　そして、我々は発展していかなければなりません。しかし、国境沿いには特別地域が設定されています。そのような特別地域では、政府の権限、あるいは政府の行政機構を動かすことはできません。　私たちは国境に行くことができない。国境を管理することができないのです。そして、

その利点を生かして、国際的な犯罪が無法地帯となった地に足を踏み入れ、麻薬密売に始まり、違法ギャンブル、そして最後にはオンライン詐欺に至っています。

　COVID-19 の時代には、ほとんどの人々がネットにアクセスしていたため、特に隣接する隣国、中国にとっては大きな問題となりました。 多くの中国人が、何万人という人口でその地域に行き、ゲームをし、オンライン詐欺に加担したのです。 そのことが国際メディアで報道され、中国政府は大いに迷惑を被り、失望しました。 中国政府は詐欺をやめさせようと少数民族武装勢力に圧力をかけましたが、彼らは数千億ドルのビジネスにもう関与していました。

　長年反乱を繰り広げているうちに、反乱が武装勢力の生業になってしまいました。指導者たちは億万長者や億万長者となり、幹部や下っ端は暴力団で生活費を稼ぐようになりました。 今、ミャンマーでは、ほとんど全ての民族武装集団が、このような非合法ビジネスに頼らざるを得なくなっています。 そのため、私たちは和平工作や和平交渉において多くの困難に直面しています。彼らは和平について話し合うためではなく、時間を引き延ばすために交渉のテーブルに着いているからです。 私がいつも言っているのは、彼らのモットーは『革命万歳』であって『平和万歳』ではないということです。彼らが言う『革命』が長引けば長引くほど、彼らは豊かになります。 それが現在の、いわゆる 1027 作戦の根本的な要因です。彼らは、アヘンやケシの栽培に適した肥沃な自分たちの領土を手に入れ、あらゆる違法行為を独自に行うための自分たちの管理区域を持ちたいと考えており、他の関連組織からも支援を受けています。

　これが三つ目の答えです。経済に関する質問はウ・アウンナインウー U Aung Naing Oo 大臣にお願いしたいと思います。

８．（答）現政権の経済政策

ウ・アウンナインウー大臣 H.E. U Aung Naing Oo

　ご質問に関連して、ひとつずつお答えしたいと思います。一つ目は、現政権、国家行政評議会の経済政策についてのご質問にお答えします。

（1）農業と中小零細企業の支援が短期経済政策

　憲法によると、国家行政評議会は国を安定させ、選挙を実施し、選挙後に勝利した政党に政権を移譲するための暫定政府のようなものです（注：現在ミャンマーは国家行政評議会が統治）。これが国家行政評議会の役割であり責任です。したがって、国家行政評議会には長期的な経済政策や長期的な経済計画を策定する考えはなく、しかし、短期的な経済政策や経済計画はあります。これは、重要なポイントのひとつです。

現実として、2018年以降、我が国の経済は衰退しています。おそらく私よりも日本人のあなた方がよくご存知でしょう。というのも、国家行政評議会は2016年末に経済政策、12項目の経済政策を採択し、2018年にはミャンマー総合開発計画を採択しました。NLDの最初の2年間は、経済発展のために何もせず、明確に経済政策を採択し、策定しました。しかし、12項目の経済政策は、そのやり方が不透明で不明確であったため、国際的にビジネスコミュニティーから多くの批判を浴びました。それに加えて、国の経済問題の取り扱いもまた、他者他国の介入に惑わされており、ミャンマー経済は2018年以降、衰退の一途をたどっています。
　国家行政評議会が大統領に就任した2021年当時は、先ほどもお話ししたようにCOVID-19があり、国内では多くの企業が閉鎖され、またパンデミック（感染症）対策としてすべての工場や企業が閉鎖されていました。国家行政評議会はこのような国内経済の衰退に加え、COVID-19パンデミックという最悪のシナリオを引き継がなければならなかったのです。しかし、我々の経済政策には2つのポイントしかありません。ひとつは、先ほども申し上げたように、超大国から制裁を受けたため、経済を他の国際的な支援に頼ることができず、内向きの政策を取っていることです。それしかなかったのです。そして、われわれの最大の焦点は農業部門です。農業部門には農業だけでなく、畜産業や漁業なども含まれます。これが私たちの主な焦点です。なぜなら、ミャンマーの人口の70％以上が農村部に住んでおり、ミャンマーの人口の約45％が直接的または間接的に農業に携わっているからです。ですから、農業の発展を図ることは、政府の内向き政策の一環として最も重要なことなのです。これが一つ目ですね。
　二つ目は、地場の中小零細企業を促進、支援、奨励することです。輸入品をできるだけ代替する政策、つまり輸入代替は経済政策の重要な課題の一つとなっているからです。ご存じかもしれませんが、ご質問の中には為替規制も含まれています。私は国内の外貨準備高の最新データを知りませんが、3ヶ月前、私が商務大臣だったとき、外貨準備高は1,000万米ドルを超えていました。

（2）外貨準備を保持したい
　私たちのポリシーは、外貨準備高はそのままにしておきたいということです。そして選挙が終わったら、その外貨準備高をすべて次期政権に移管します。これが国家行政評議会の方針のひとつです。私たちは、外貨準備には1セントたりとも、1ドルたりとも手をつけません。これは国家行政評議会の金融政策の重要な一種です。また、このことを考慮し、国際ビジネスや国際貿易で外貨準備高を使わないようにするため、いくつかの措置を講じています。国際ビジネスや国際貿易で生き残りたいからです。これが、私たちがいくつ

かの制限を課し、外国為替管理に関する規制を設ける理由です。これらの外国為替管理措置はすべて、ミャンマーの外国為替管理法に従っています。

　しかし、このような制限を設けることは国家行政評議会にとって好ましい選択肢ではありません。私たちは、国内の為替情勢が安定したら、できるだけ早くこうした規制を緩和し、自由化したいと考えています。　そのため、外貨準備高をそのままにしておくだけでなく、ご存知のように国内では多くの投機が行われていました。不誠実なビジネスマンの多くは、投機を自分たちの利益のために利用したがるからです。　そのため、政府はそういった問題についても規制や規制を設けなければなりませんでした。

　同時に、金融活動作業部会 FATF（注：マネーロンダリングやテロリストへの資金供給を防ぐ対策の基準を作る国際組織）にも対処しなければなりません。金融活動作業部会はミャンマーをブラックリストに載せていますが、私たちは、外国為替の使用、外国為替の取引、送金が FATF の原則に沿ったものであることを確認しています。そのため、外貨の利用が難しくなり、できる限りお金を節約する方法を検討する必要があります。

　そのため、残念ながら為替管理にはいくつかの制限を設けています。しかし、先ほど申し上げたように、すべてが安定すれば、できるだけ早くその制限を緩和し、自由化することができる。そうなれば幸いです。私たちは、こうした制限が国内のビジネスに悪影響を及ぼすことを知っています。したがって、大きな問題のひとつは、国内にすべてのビジネスを維持し、外貨に対する彼らの要求に応えることです。　私にとっては、これまでのキャリアを通じて経験したことのないミッションです。

(3) 中国との国境貿易拠点を変更

　先ほどの二つ目の質問「なぜミャンマー国軍は暴力の連鎖を止められないか」について話しましょう。私は、10 月 26 日にヤンゴンで中国大使館主催の「一帯一路」イニシアティブ発展セミナーに出席してきました。　中国政府と協力しながら、どのように「一帯一路」イニシアティブを推進し、発展に貢献できるかについて話し合いました。　しかし残念なことに、翌日の朝、ミャンマー東北部のミャンマー軍の前哨基地のいくつかが襲撃されました。そこでは、特に中国国境沿いに居る MNDAA（ミャンマー民族民主同盟軍）と TNLA（パラウン民族解放軍）が、他の関連グループと協力して、多くの軍の拠点を攻撃したのです。

　実のところ、その地域は以前からかなり安定していたため、ミャンマー軍はあまり戦力を持っていなかったし、TNLA も MNDAA も和平交渉のプロセスに入っていたので、こんな愚かなことをするわけがないと、政府は彼らを信頼していました。　このような攻撃の結果、私たちはすべての国境貿易、特にシャン州チンシュエホー Chinshwehaw や中国との貿易、また主要な貿易拠点の一つであるムセ Muse との貿易を閉鎖しなければならなくなりました。

そのため、ミャンマーと中国の国境貿易は当分の間停止されます。　しかし、この二つの重要な国境ポストを 1 ヶ月間閉鎖すれば、国境貿易総額の 8％に影響が出ることは分かっています。二つともミャンマーと中国との国境貿易にとって非常に重要な貿易拠点なのですが、この二つの国境ゲートが閉鎖されているため、我々はすべての国境貿易をカチン州リュエジェー Lweje とカチン州カンパイティ Kan Paik Ti に振り向けようとしています。

　ミャンマーと中国の間には、全部で 4 つの国境貿易ポストがあります。　最も大きいのはシャン州ムセ Muse で、2 番目に大きいのはシャン州チンシュエホー Chinshwehaw です。　3 番目に大きいのはカチン州リュエジェー Lweje で、4 番目はカチン州カンパイティ Kan Paik Ti です。　我々は、この二か所を通じて中国に商品を輸出するよう、貿易業者や輸出業者に働きかけています。その逆もまた然りで、我々はリュエジェー Lweje とカンパイティ Kan Paik Ti を通じて中国からいくつかの商品を輸入しています。ミャンマーの商務部は雲南省の商務部と協議し、シャン州の二つの重要な国境ゲートを現在は閉鎖しておりますものの、中国との貿易が円滑に行えるよう、中国側のスタッフや役人をこの二つの国境ゲートに多く配置することを決定しました。
　同時に、私たちは貿易業者や輸出業者、輸入業者が海外貿易を利用することを奨励しています。　また、商務部は 3 日前に、すでに輸出入のライセンスを取得しているミャンマーの貿易業者はすべて、海外貿易のためにライセンスを使用することができると発表しました。
　第三に、ミャンマー国営航空はミャンマー-ヤンゴン-昆明間の航空貨物を確立し、すでに運航しています。　したがって、ミャンマー国営航空を利用することで、いくつかの生鮮品を中国に輸出することができますし、また、ミャンマー国営航空の貨物便を利用することで、中国からいくつかの重要な品目を輸入することもできます。　これらは我々が行っている取り組みの一部であり、両国間の二つの国境貿易ゲートの閉鎖により、ミャンマーと中国の国境貿易に深刻な影響を与えないために行っているものです。
　日本の専門家の方々からは、ミャンマー総合開発ビジョン MCDV の策定では大変なご尽力をいただきました。　その後、ミャンマー国家総合開発計画 NCDP があり、これはテインセイン Thein Sein 大統領の在任中に策定されました。　この計画は素晴らしいものでした。　非常に現実的で、実行可能な計画でしたが、残念なことに、この二つの計画 MCDV と NCDP は NLD 政権によって脇に置かれてしまいました。彼らは MCDV に触れず、MCDV について語らなかったのです。　MCDV の声に耳を傾けようともせず、MCDV を脇に置き、自分たちの道を歩んできました。

しかし今、私たちはすでにミャンマー総合開発ビジョン MCDV の伝統を取り戻しました。また、この短い期間に、MCDV の構成要素の一部をどのように応用できるかを考えています。 例えば、アグリカルチャ・プラス・プラス戦略は非常に意義深く、国家行政評議会の農業開発政策に合致しています。 アグリカルチャ・プラス・プラス戦略は、すでに策定された新戦略のひとつです。 また、経済回廊は国内の治安情勢から当面は不可能です。 プラスアルファの二極成長ですが、私たちは短期経済政策の使命である二極成長戦略を念頭に置いています。 そのため、マンダレー周辺の工業地帯の開発をどのように支援できるか、ヤンゴン周辺の工業地帯の成長をどのように支援できるかを考えています。この政策は、現在も適用されています。 これは MCDV と NCDP の回帰のようなものです。

　このようなわけで、私たちは長期的な計画を採用したり策定したりはしませんが、MCDV や NCDP が私たちの経済開発計画にどのような道を開くのか、また、ミャンマーの経済発展のためにこの短期間にどのような要素を適用できるのかを常に考えています。以上が質問 3 に対する私の回答です。

吉田鈴香

　ウ・アウンナインウー U Aung Naing Oo 大臣、ウ・ココライン U Ko Ko Hlaing 大臣、どうもありがとうございました。 お二人のご説明は、ミャンマー人もほとんど知らない話だと思います。 私たち国際社会も、ミャンマーの社会経済状況や課題をよく理解していないことを改めて実感しました。 政府間だけでなく、私たちのような学識経験者や非国家主体も、このような議論を今後も続けていくことができるでしょう。

石戸光教授

　閣僚の皆様、先生方、洞察に満ちた率直なご回答をありがとうございました。ここでは、何一つ結論は出ませんでした。 しかし、私たちはこのような非公式なチャンネルを通じてお互いを理解し始めたばかりなので、それでいいのです。非公式ですが、非常に重要なことです。なぜなら、出席者はそれぞれ自分の研究や政治コミュニティを持っているからです。

　私たちは、今日議論されたことを心に留めておき、ミャンマーという国の真の利益のために、必要なときに何らかの行動を起こしたい。今回のような議論を続けていきましょう。 在日ミャンマー大使館、特にソーハン大使の奮闘努力、そしてもちろん、このオンラインシンポジウムを実現させてくれた有能な同僚たちに感謝したい。 ソーハン大使、そして彼の優秀な同僚の方々のご協力のおかげで、このような時を迎えることができました。

　ありがとうございました。 そして、私たちが合意したように、この友愛の精神に基づき、可能な限り話し合いを続け、お互いを知り続けましょう。そ

うすれば、この聴衆の幅が広がり、ミャンマーの明るい未来に向けて、より多くの一般市民の意見が取り入れられる時が必ず来るでしょう。 それが私たちの願いです。

おわりに

　本書の源になったのは、日本の大学が主催したインターネットシンポジウムである。非常事態宣言後に誕生した政権から二人の閣僚と、日本の元総理、日本の経済学、政治学、公共哲学の研究者が一堂に会し、互いの見解を述べ合った。ミャンマーの閣僚は現状を知ってほしいという熱意をもって報告し、また、日本側はそれぞれの分野からミャンマーの現政権の意図を聴きたいという熱意が溢れていた。地域研究者であっても現閣僚と直に話す機会は多くないことに鑑みれば、誠に稀有な討論であった。このような濃い内容は世に広く伝えねばならないという、ある種の責務のようなものが出席者の間から生まれた。こうして生まれたのが、本書である。

　元来ミャンマー研究は研究者の数が少なく、かつ、情報源を英米など西欧の研究書に負っていることが多いため、似たような内容になりがちであった。2021 年 2 月以来さらにその傾向は強まり、「市民派」対「国軍理解派」の対立構造が出来上がった。相手の意見を聴こうとしないのみならず、身体を攻撃することすらある。第一次情報がないことがその傾向をさらに強めた。事の是非を述べる前に、「まずは聴こう、知ろう」の姿勢が必要なのであるが、世論の偏向は残念の極みである。本書が第一次情報として活用されることを期待する。

　ミャンマーに限らず世界各地で武力紛争が頻発する現代が求めなければならないのは何か。その課題に一つの答えを与えているのが、友愛の精神である。「あなたはこう思うのね、私はこう思う」と互いに意見を述べ合い、尊重しあい、その路を追求する工程を温かく見守ることができたならば、随分と世の中は穏やかになるだろう。そんな気持ちにさせる「友愛」は、世代を超えて追求する価値ある哲学である。

　ミャンマーで現在施行されている２００８年憲法には、心に相当する項目がない。多党制民主主義にする、二院制にする、といった制度についての項目は数多くある。「国家分裂を画策したものを脅威とみなす」など懲罰と思える項目が憲法の前段階にあるのも特徴である。参加者は、閣僚二人が鳩山元総理大臣の報告に頷く様子を見て、ミャンマーが求める心の部分に「友愛」は当てはまるのではないかとの印象を持った。ミャンマーに貢献できる道は何か、ミャンマーと日本の研究者たちで議論を深めていきたい。

　　　吉田鈴香

寄稿

ミャンマーの非常事態下における社会経済の現状と
「常態」への模索

共和リサーチセンター所長　首藤信彦

１．なぜミャンマー問題は困難であり、さらに理解が困難であるのか？

（1）未完の独立と国家建設

　1948 年のビルマ連邦としての独立以来、ミャンマー政府は国内に存在する多
数の少数民族との内戦に明け暮れた。さらに問題はその多くが後背地の中国、
インド、タイなどの強国の影響下にあるだけでなく、民族の組成や歴史、ア
イデンティティそして構成する経済圏が、そうしたアジアの大国の周辺と一
体性を維持していることである。このような状況の中で、多数派のビルマ族
による統治と強力な軍とが、かろうじてミャンマーの国家としての統一性を
維持していると言っても過言ではない。その意味では、近世に確立した民族
国家の概念から外れるものであり、ここにオープンシステムとしてのミャン
マーの国家としての困難さがある。

　少数民族は完成された国家における少数派や逸脱者ではない。それぞれが
ミャンマーに影響を与える周辺強国を代表している。その第一勢力は言うま
でもなく中国であり、ミャンマーは政治・外交面のみならず経済そして人間
の交流を含めて大きな影響を受けている。また近年、中国にとってミャンマ
ーはその独自の世界戦略である一帯一路構想において、戦略的に重要な地域
になっている。第二は地勢的に隣接するタイであり、第三にはインドがある。
太平洋戦争時に日本軍はミャンマー北西部からインドのインパール・コヒマ
（ナガランド州）を攻略したが、いまやチン州などの北部・北西部の資源が
注目されている。第四には最近、ロヒンギャ問題により脚光があたったバン
グラデシュがあり、そして第五に、旧宗主国イギリスそしてイギリスと文化
的政治的緊密関係を持ち、同時に東南アジアに独自の戦略を持つアメリカの
存在がある。第五の勢力は、ミャンマーと国境を接しているわけではないが、
ミャンマー情報そしてその解釈において、国際社会で圧倒的な影響力を持っ
ている。

（2）軍機能の理解欠如、軍を悪者にする無意味さ

東南アジア諸国にはいずれも強大な軍隊や強圧的な治安維持がある。様々な文化的・地理的・宗教的な対立から国家の統一性を守るために、大規模な軍隊が存在し、その軍事行動がたびたび深刻な人権侵害に発展し、また定期的に軍事クーデターを起こす国もある。

19世紀にはほぼ統一的な民族国家が成立した西洋社会からすれば、軍事クーデターや軍の強圧的治安行動は反人道的であり反民主主義であると考えられるかも知れないが、そうした考えをそのまま旧植民地のアジアやアフリカに適用することの限界を理解する必要がある。

（3）加速する周辺国の侵食

このような不安定要素を抱えたミャンマーに、現代グローバル世界の動きがさらに問題を複雑化し拡大させている。中国はマレー半島を迂回しない近道としてミャンマーの活用を考え、またその海岸は一帯一路構想の絶好の中継港となる。アメリカは逆に巨大化した中国の政治経済力を抑制するために、ミャンマーを活用したいと考える。

ミャンマー北部の資源にインドは関心を持ち、タイやバングラデシュも自国版図の事実上の拡大に関心を持ち、さまざまな政治的・経済的な侵食を行う。

このような複雑な状況の中で、ミャンマーは国の統一性と安定を保たなければならない。

（4）中国との愛憎関係

ミャンマー国軍は、複雑な少数民族関係の中でも、中国と関係を持つシャン州のワ州連合軍（UWSA）やカチン独立軍（KIA）などよりなる北部同盟との安定的な関係維持に特別な配慮と努力を払っている。この地域には中国側も独自の少数民族管理と国境政策を展開している。中国政府や地方政府はこの地域の中華経済圏の拡大や鉱物資源などに関心を持つと同時に、一方ではこの地域の不安定化が中国と周辺部に影響を与えることを恐れる。

その意味で、この地域は絶え間なく中國との利害関係の調整を行わなければならず、ミャンマー政府にとっては大きな負担となる。同時に、この不安定な中国との距離感はミャンマー政府の外交や政権のリーダーシップ、そして政治家個人にも大きな影響を与えることになる。

（5）世界システムの変容

ミャンマー政治の困難と不安定性には上記のような複雑な背景があるが、ここ2年間の間に、ミャンマーを取り巻く国際情勢は激変した。単に変化しただけでなく、その変化は大きな世界システムの変容とも密接に関係している。

2022年2月に発生したウクライナ戦争そして23年の中東イスラエルのガザ紛争は、単に地域紛争であるだけでなく、グローバルな政治経済の枠組みの

改変をもたらそうとしている。今やヨーロッパやアメリカの援助がウクライナやイスラエルに流れ込み、その分ミャンマーへの関心も援助も減少するわけだが、それ以上にロシアの影響力の拡大やグローバルサウスの動静もミャンマーに大きな影響を与えつつある。2021年のクーデター後、軍事政権となったミャンマーに対する西側の制裁は経済の足かせとなったが、いまやロシアの軍事支援やグローバルサウス経済圏がミャンマー政府に新しい可能性を付与している。同時にそれはミャンマーのみならず周辺国そして ASEAN にも大きな影響を与えつつある。ミャンマー問題は国際関係も含め、さらに一段高いレベルでの対応が必要となってきている。

２．空想の民主主義

　民主主義自体、それを体現しているはずの西洋諸国でも、その限界や衰退に直面している。国内に人種問題を抱え、国境を越えてくる移民や難民の対応に苦慮しているアメリカでは現在、大統領選挙のプロセスが始まっているが、現代社会の民主主義システムというものが、バイデン大統領／トランプ元大統領という人物しか指導者・候補者として選べなかったことを考えると、その限界を考えないわけにはいかない。

　西側は、自分の国でも実現していない民主主義をミャンマーで実現できるという空想と錯覚に陥っている。ミャンマー周辺国でもまた広く ASEAN 諸国でも、西側社会が期待するような民主主義システムは存在しない。まして独立後、少数民族との紛争に明け暮れたミャンマーで理想的な民主主義政治が行われる可能性は高くない。

　それでもミャンマーの民主化に期待するのは、アウンサンスーチー女史の存在があるからに他ならない。軍事政権下における悲劇のヒロイン、アジアの民主主義の伝道者としてのシンボルが彼女に期待されている。しかし、その現実の統治能力はどうだろうか？ティンセイン政権下でまがいなりにも民主化が進展した時期を経験しても、女史が「大統領以上の存在」としての大統領顧問であった時代でも結局は少数民族との包括的平和協定も進展せず、一方で、軍部の政権内への取り込みも十分に行われなかった。残念ながら、近世東南アジア史において、軍部のクーデターは頻発し、民主化の進んだ隣国のタイでも再びクーデターと軍事政権が生まれている。東南アジアにおけるガバナンスにおいて、独自の理念や行動原理を持つ軍部の管理と内部化こそ、政治指導者がまさに全力で取り組むべき問題のはずだ。

　2021年2月の軍クーデター後に政権を失った LND（国民民主連盟）や知識人、民主化団体の一部は以前の非暴力主義を捨てて、人民武装闘争路線を採り、少数民族の武装集団や軍からの離脱者などと結合し、ジャングルに入って武装抵抗運動を始めた。その一方で、PC やスマホ・インターネットの普及

の助けもあって、公務員や医師・学者・ジャーナリストなど知識層・上流階層を含む大規模な不服従運動（CDM）をスタートし全国で展開させた。また議会を追われたLNDや政治家は仮想のデジタル空間に連邦議会代表委員会(CRPH)を作り、ミャンマー国外にデジタル内閣とも言うべき統一国民政府（NUG）を成立させ、仮想の各省大臣を任命し、ミンアウンフライン最高司令官を議長とする軍事政権の国家行政評議会（SAC）と対峙した。

　これらの民主派の一連の行動は、近代民主主義市民活動における金字塔であり、高く評価され、歴史に記憶されるべきだ。しかしながら、残念なことに、ミャンマーにはそれぞれを支える具体的な資源や環境が備わっていなかった。武装闘争に必要なものは政府軍に匹敵する軍備や兵員であり、大国からの潤沢な資金と武器の援助である。またミャンマーには人権や民主主義制度を守る法令や制度も乏しく不十分で、CDMに参加して失職した市民や活動家の生活を守ることもできず、また国外にあるNUGは反政府的な難民や移民を受け入れて支援するだけの人材も体制も資金もなく、結局は仲間内のデジタル会議に終始することになる。1960年代70年代に考え出された西洋的人民革命の発想は、21世紀の東南アジアにおいては機能ないという現実を理解し、より現実的で効果的な路線に修正を図る時期に来ている。

3. 何が必要か？

　何よりも現実と事実を直視する必要がある。世界で軍事政権が長期に存立する条件はもはや存在しない。そのことはミャンマーの軍事政権側も理解している。たとえ一時は社会の混乱や国家の危機に際し、軍事政権が事実上の政府として暫定的に国家を統治することが出来ても、現代の国際社会において長期間維持することはできない。一方、それに反対している民主勢力も、国外の虚妄のデジタル空間における議会や内閣では実効性に乏しい。

　いまや、世界はウクライナ戦争を契機として大きく変わろうとしている。グローバルサウス構想が真に実現するかどうかは不明だが、世界のパワーと経済の流れがアメリカと西欧だけではなく、大きく南側にまたロシア・中國側に蛇行しはじめているのは事実である。ミャンマーもそうした世界史的な変化から孤立しているわけではない。

　何よりも、ミャンマーがこれ以上、周辺国の圧力と少数民族との抗争によって衰退し、最悪の場合は国外の影響下にある勢力によって分割される、例えばリビアやシリアのような「失敗国家」に陥らないためには、なによりも軍事政府とそれと抗争するCRPH（連邦議会代表委員会）やNUGとの間で、絶え間ないそして各層での対話と交渉を進め、双方が、ぎりぎりの線で妥協できる統一モデルを構築しなければならない。

現在のように、両者の一方的な呼びかけや、結論ありきの接触でなく、両者で合意可能な常態復帰案とプロセス、そこでの実現すべき方策などを多くの参加者を巻き込みながら進めていく必要がある。

　また、いずれにせよ、軍事政権というものがあくまで暫定的な統治システムである以上、できるだけ早期に選挙を実施し、新しい議会をスタートさせて民主主義を機能させなければならない。むろん、国内紛争によって避難民あるいは国外にいる大量の難民の存在を考えれば、選挙人名簿の作成ですら困難と言わざるを得ない。投票所を国外にも設置する必要があるかもしれない。しかし、これらはかつて同様の状態にあった紛争国、たとえばカンボジアやアフガニスタンにおける国連主導の選挙の実績があり、インターネット環境が普及した現代において、十分に実行可能である。また選挙への政権側の干渉、政党への弾圧、市民の政治活動の制限など公正な選挙を否定するような行為も必然的に発生するが、国際社会の監視と勧告によって、そのような逸脱はある程度排除することができる。

　まず何よりも重要なのは、多面的な接触と意見交換である。今回のシンポジウムで、ミャンマー政府側から二人の現職閣僚が Zoom 会議に参加し、日本側の地域研究者、政治学者、政治家などと議論することができた。そこでのミャンマー閣僚の分析・主張・情報には初めて聞く内容も多く、ミャンマーについて抱いていた疑問点も理解できた部分もある。このように、立場の違う者同士が直接に意見を言い合うことから始めて、具体的な民主的制度への復帰の方策へと議論を加速的に進めていきたい。それが迂遠のように思えても、ミャンマーを「常態」に復帰させる最短の道であると信じている。

ミャンマー危機と民主化への展望

2024 年　3 月 29 日　初 版 発 行

編　　　集　共和リサーチセンター
著　　　者　鳩山友紀夫　石戸光　首藤信彦　吉田鈴香
定　　　価　本体価格 1,000円＋税
発　行　所　共和リサーチセンター
　　　　　　〒100-0014 東京都永田町2-17-17 Aios永田町317
　　　　　　URL https://www.kyowa-research.center
発　売　所　株式会社　三恵社
　　　　　　〒462-0056 愛知県名古屋市北区中丸町2-24-1
　　　　　　TEL 052-915-5211　FAX 052-915-5019
　　　　　　URL https://www.sankeisha.com